AF344049

NOTICE

DES

MONUMENS ANTIQUES

ET DES

OBJETS DE SCULPTURE MODERNE

CONSERVÉS

DANS LE MUSÉE DE TOULOUSE;

Par M. Alexandre du Mège, de la Haye,

EX-INGÉNIEUR MILITAIRE,

INSPECTEUR DES ANTIQUITÉS, MEMBRE DE LA DIRECTION DU MUSÉE, MEMBRE DE LA SOCIÉTÉ ROYALE DES ANTIQUAIRES DE FRANCE, DE L'ACADÉMIE DES SCIENCES, INSCRIPTIONS ET BELLES-LETTRES DE TOULOUSE, DES SOCIÉTÉS LITTÉRAIRES ET AGRONOMIQUES DE NARBONNE, CARCASSONNE, FOIX, TOURS, etc., etc., COMMISSAIRE POUR LA RECHERCHE DES MONUMENS DES DÉPARTEMENS DE TARN-ET-GARONNE, DU TARN, DE L'AUDE, DE LA HAUTE-GARONNE ET DES BASSES-PYRÉNÉES.

Prix : 1 franc 25 cent.

On trouve cette Notice chez le Concierge du Musée.

IMPRIMERIE DE JEAN MATTHIEU DOULADOURE.

1828.

AVERTISSEMENT.

L'auteur de cette Notice avait indiqué, en 1814, dans ses *Monumens religieux*, les découvertes qui avaient eu lieu autrefois dans les champs voisins de Martres, sur le sol où l'on peut assigner la place de l'ancienne *Calagurris des Convenæ*. Il demanda depuis l'autorisation de faire des fouilles dans ces mêmes champs. La circulaire qu'il écrivit en 1822 à MM. les Maires des principales communes du département réveilla l'attention publique, et quatre ans après, M. le Maire de Martres annonça que l'on avait retrouvé quelques monumens dans le champ du sieur Saboulard, un de ses administrés. Après avoir examiné et acquis pour le Musée ces restes précieux, l'Inspecteur des antiquités conclut avec ce propriétaire, par l'entremise de M. Lecler, habitant de Martres, un traité pour la fouille entière du champ qui avait recélé pendant long-temps ces marbres antiques. L'Administration de la ville de Toulouse a bien voulu approuver ce traité, et a fourni à tous les frais. Le résultat des fouilles, dirigées par l'Inspecteur, est en grande partie offert maintenant aux regards du public. D'autres recherches vont avoir lieu sur plusieurs points, et l'on peut espérer qu'elles enrichiront la collection déjà si précieuse que l'on possède en cet instant.

M. Griffoul-Dorval, Professeur de Sculpture, a été chargé de la restauration des Statues, des Bustes et des Bas-reliefs faisant partie des collections du Musée, et qui dans les temps anciens ont été plus ou moins mutilés. Cet Artiste, auquel la ville de Toulouse vient de confier l'exécution d'une Statue en marbre représentant Louis XIII, a déjà donné de nouvelles preuves de son talent facile, en réparant avec beaucoup de succès une partie des précieux Monumens découverts à Martres.

Tous ces objets antiques sont gravés, ou vont l'être, et seront expliqués dans l'ouvrage intitulé : *Archæologie Pyrénéenne* 1.

DIRECTION DU MUSÉE DE TOULOUSE.

M. Le Maire, *Président né*.

M. Suau, Professeur, Membre de l'Académie royale des Beaux-Arts, *Vice-Président*.

M. Virebent père, Architecte de la ville, Professeur, et Membre de l'Académie Royale des Beaux-Arts.

M. Jaquemin, Professeur, Membre de l'Académie royale des Beaux-Arts, *Conservateur du Musée*.

M. Du Mège, de la Haye, ex-Officier du génie, Membre de l'Académie des Sciences, Inspecteur des Antiquités, *Secrétaire*.

---

1 On souscrit, pour ce Recueil d'Antiquités des départemens de la Gironde, des Landes, des Basses-Pyrénées, des Hautes-Pyrénées, de la Haute-Garonne, de l'Ariége, des Pyrénées-Orientales, de l'Hérault, de l'Aude, du Tarn, de Tarn-et-Garonne, de Lot-et-Garonne et du Gers, à Paris, chez MM. Treuttel et Wurtz, et à Toulouse, chez M. Vieusseux, Libraire.

NOTICE

DES

MONUMENS ANTIQUES

ET DES OBJETS DE SCULPTURE MODERNE,

CONSERVÉS

DANS LE MUSÉE DE TOULOUSE.

MONUMENS ÉGYPTIENS.

Avant la glorieuse expédition qui soumit l'Égypte aux Français, on connaissait bien peu cette contrée célèbre, mais on recherchait avec empressement tout ce qui pouvait en retracer le souvenir. On trouvait dans tous les cabinets des figurines égyptiennes, on les considérait avec cette sorte de curiosité qu'inspire un grand peuple sur lequel on possède peu de documens historiques, et on avait pour ces faibles produits des arts du dessin une vénération fondée sur la haute antiquité qui leur était attribuée. Ces objets sont devenus plus communs, sans être moins précieux, depuis les trois dernières années du 18.me siècle. « C'est, dit M. Champollion-Figeac, l'époque de la résurrection de l'Égypte ancienne, et ce fut le génie de la France qui opéra ce miracle. Les contrées que la victoire occupait étaient aussitôt explorées par le compas du géomètre, le crayon de l'architecte, les instrumens du physicien, le marteau du géologue et la science de l'antiquaire. » Celle-ci fit sur-tout de grands progrès en cette occasion, et a

1

même, dans la suite, couronné ses travaux par une conquête inespérée. Le système graphique de la mystérieuse Égypte a été retrouvé [1]; on a pénétré tous ses secrets par la découverte de l'alphabet des hiéroglyphes, et «ainsi se sont dissipées les ténèbres qui enveloppaient l'origine de ses temples, de ses palais, de ses tombeaux, les noms de ses dieux, de ses rois, les époques les plus anciennes de son histoire, la date de ses monumens, et l'ensemble de ses pratiques civiles et religieuses.» Turin et Paris ont depuis peu de temps des Musées égyptiens, où les images des Pharaons occupent une place près des plus humbles stèles et des simples papyrus qui nous ont conservé les croyances psycologiques des habitans des bords du Nil, ainsi que leurs rites funéraires. Mais Toulouse n'a pas augmenté, en ce genre, ses richesses monumentales, et son Musée ne possède qu'un très-petit nombre de statuettes égyptiennes. Nous allons décrire ces divers monumens.

1. *Osiris*, roi de l'*Amenthi*, ou Enfer égyptien, tenant le fléau et le crochet dans ses mains, ayant sa mitre flanquée de deux appendices recourbée vers le haut. Cette statue est en bronze.

2. Statue plus petite que la précédente, et ayant les mêmes symboles. Elle est aussi en bronze.

3. Autre statue d'*Osiris*. Elle est pareille aux précédentes et est aussi en bronze.

4. Statue en bronze d'une déesse. Ses mains sont pendantes. Un vêtement léger presse ses formes et les dessine. Sa tête est couverte de la dépouille d'une pintade et du Pschent, mais cette coiffure est en partie brisée. On peut conjecturer que cette petite statue représente la déesse *Néith*, qui est l'*Athéné* ou *Minerve* égyptienne.

5. Autre statue de même métal. Le personnage représenté

---

a une barbe tressée , et tient les symboles que portent presque toutes les petites figures que l'on trouve dans les caisses des momies. Une inscription , en caractères hiéroglyphiques , est gravée en une seule bande perpendiculaire sur le derrière de la figure.

6. Statuette en terre vernissée et d'une belle conservation. Elle est en gaine ou en momie ; la coiffure , qui ne porte aucun ornement , laisse passer en dehors les oreilles ; les deux mains , croisées sur la poitrine , tiennent les mêmes symboles que la précédente statue. Une inscription en caractères hiéroglyphiques , et divisée en sept bandes ou lignes horizontales , couvre la partie inférieure de la figure, depuis les coudes jusqu'aux pieds.

Il n'est pas rare de trouver sur les statues égyptiennes des inscriptions en caractères hiéroglyphiques , divisées en plusieurs lignes horizontales. Une figure en terre vernissée, provenant du cabinet de M. F. Lucas , à Toulouse , avait une inscription en dix lignes. Une autre , en bois, et qui est actuellement dans la collection de l'auteur de cette Notice , a une inscription partagée en huit lignes horizontales.

7. Autre statuette en terre vernissée, ou en faïence de couleur bleue. La coiffure est pareille à celle de la figure précédente , mais peinte en noir ; les oreilles sont en dehors ; elle ne porte point cette barbe tressée que l'on voit à beaucoup de figures semblables. Une inscription hiéroglyphique , dont les caractères sont peints en noir, forme une bande ou ligne perpendiculaire sur le devant de la statue. On y voit des signes qui paraissent indiquer le nom du Roi de l'*Amenthi* ou Enfer égyptien , *Osiris* : d'autres peuvent exprimer *la demeure* ou *la maison d'Ammon* : enfin quelques autres ressemblent à ceux qui , suivant M. Champollion , signifient *Seigneur des biens* , épithète donnée à *Ammon.*

8. Petite figure en faïence verte tenant les mêmes symboles que celle qui vient d'être indiquée ; elle a une barbe tressée. Une inscription hiéroglyphique forme , sur le devant de la statuette , une ligne perpendiculaire.

9. Autre petite statue en terre. Les symboles qui sont dans ses mains ne diffèrent point de ceux que tiennent les figures placées sous les n.os 6, 7 et 8. Une inscription hiéroglyphique existe sur le devant de la statue.

10. Cette statue en terre blanche a perdu la couleur verte qui la couvrait autrefois ; on n'en voit plus que de légères traces. L'inscription en caractères hiéroglyphiques qui forme une ligne perpendiculaire sur le devant de cette figurine est très bien conservée.

Les statues portant les n.os 5, 6, 7, 8, 9 et 10, sont du nombre de celles que l'on offrait aux morts. Chacune d'elles a ordinairement, comme celles-ci, une inscription dont les caractères sont en creux. On sait que ces inscriptions contiennent souvent le nom du mort et une prière adressée aux dieux pour le repos de son âme. Quelquefois nous avons cru remarquer qu'il n'y avait d'inscrit sur ces figures que la prière dont nous venons de parler, et cela devait être, car on trouvait sans doute ces statuettes toutes prêtes chez les fabricans. On a aussi observé que sur quelques-uns de ces monumens on avait laissé l'espace nécessaire pour y mettre le nom du mort ; il fallait alors le graver, ce qui pouvait présenter quelques difficultés lorsque les figurines étaient en terre émaillée. Quelquefois elles sont totalement privées d'inscriptions. On trouve ces monumens dans les tombeaux, et quelquefois on les a rassemblés « dans des caisses divisées en cases. Ces caisses, qui sont peintes, ont environ deux pieds de longueur et la moitié de hauteur. Un couvert à coulisse ferme l'ouverture de chaque case. »

11. Statue assise ; elle représente un jeune homme. Sur sa tête est la dépouille d'un oiseau ; une mèche de cheveux, tressés en forme de corne, pend sur l'oreille droite ; la coiffure a une appendice qui, du coté gauche, touche à la poitrine ; deux cornes paraissent au-dessus de la dépouille d'oiseau, et, entre ces cornes, plusieurs vases ; le doigt indicateur de la main droite

est placé sur les lèvres. On a cru qu'*Harpocrate* ou le Dieu du silence était ainsi représenté.

12. Petite figure en faïence verte; elle offre les traits d'un enfant trapu embrassant un *Phallus* énorme qui se replie sur sa tête. Les recueils d'antiquités présentent souvent des figures semblables.

13. Taureau accroupi. Les yeux sont creux et ont reçu sans doute autrefois quelque pièce de métal. L'objet supporté jadis entre les deux cornes, a disparu, et l'on n'en a plus que la base. Il n'est pas très-assuré que ce petit monument en bronze soit égyptien.

14. Taureau ayant un disque sur la tête. Ce petit monument est aussi de bronze et représente *Apis*.

MONUMENS CELTO-ROMAINS.

AUTELS.

La Mythologie celtique est presqu'entièrement inconnue. Les écrivains de l'antiquité ont laissé peu de détails sur le culte rendu par les Gaulois à leurs déités particulières, et ces auteurs ont même trop souvent confondu celles-ci avec les divinités grecques et romaines. L'entière conquête de la Celtique, de l'Aquitaine et de la Belgique, introduisit dans ces vastes contrées le système religieux des vainqueurs; mais les antiques pratiques du Druidisme subsistèrent encore; les peuples rendirent encore des hommages solennels aux Dieux invoqués par leurs pères; les marbres sur lesquels ils leur offrirent des sacrifices prirent seulement des formes plus élégantes et devinrent semblables aux autels élevés dans l'Italie. On a trop négligé ces restes précieux où l'on retrouve l'indication des Mythes et des croyances des Gaulois, exprimée dans la langue des Latins. La chaîne entière des Pyrénées, et les régions qu'elles ont recouvertes de leurs débris, possèdent ou ont fourni beaucoup de ces monumens que l'on peut appeler *Celto-Romains*, puisqu'ils sont consacrés à des Divinités celtiques, et que l'idiome dont on s'est servi pour en marquer la dédicace est celui des Romains, qui possédaient alors cette partie de l'Europe.

Vers la fin du 16.ᵐᵉ siècle, Joseph Scaliger découvrit dans le territoire des *Convenæ* trois monumens consacrés à un Dieu nommé *Abellion*. Les inscriptions gravées sur ces marbres antiques furent d'abord publiées dans les notes de l'édition des poésies d'Ausone, données, à Lyon, par A. Gryphius [1]; Gruter les inséra

---

[1] *Ausonianarum lectionum*, I, 9.

ensuite dans son immense recueil [1]. D'autres monumens dédiés au dieu *Abellion* ont depuis été retrouvés par MM. de Lassalle, de Lasteyrie [2], et par l'auteur de cette Notice [3]. Suivant Gruter et Reinesius, le Dieu *Abellion* est le même que *Belenus*, *Apollon* ou *le Soleil*. Reinesius a même osé avancer que c'est d'*Abellion* qu'*Apollo* a été formé. Vossius a cru que le nom d'Apollon dérivait du crétois Ἀβέλιος. Hésychius [4] dit en effet que les Crétois appelaient le Soleil Ἀβέλιον, et que les Pamphiliens nommaient Ἀβέλιος et Ἀβέλιοι tout ce qui avait rapport au Soleil. Ce témoignage a porté plusieurs auteurs recommandables à dire que le dieu *Abellion* n'était pas différent du Soleil ou d'Apollon; mais cette opinion pourrait être fortement combattue.

Les autels dédiés à *Abellion* existent presque tous sur des points éloignés les uns des autres, et cette circonstance peut porter à croire qu'*Abellion* n'était pas un de ces Dieux topiques dont le culte ne passait point dans d'autres régions.

15. Autel élevé au Dieu *Abellion* en accomplissement d'un vœu, par *Minucia Justa*. Ce monument a été découvert à Aulon, village du 4.me arrondissement du département de la Haute-Garonne.

Ageion fut l'un des Dieux adorés autrefois par les *Bigerrones* et les *Convenæ*, et il paraît qu'il présidait aux Montagnes; son culte fut même, comme on va le voir, uni au culte de celles-ci. Oihénard [5] avait, en

---

1 XXXVII, 4, 5, 6.

2 L'un des autels trouvés par M. de Lassalle a passé, du cabinet de M. F. Lucas, dans celui de l'auteur de cette Notice. Millin en a donné, dans son *Voyage*, une figure inexacte; la copie de l'inscription ne l'est pas moins. Nous avons publié une description de cet autel.
Un autre, dédié à *Abellion*, et trouvé à Saint-Béat par M. le Comte de Lasteyrie, a été donné par Millin.

3 *Monumens religieux des Volces-Tectosages, des Garumni et des Convenæ :* 193, 194, 195, 196, 197, 198, etc.

4 *Voce* Ἀβέλιον.

5 *Notitia utriusque Vascon.*

1638 , fait connaître deux inscriptions votives consacrées à un Dieu nommé *Aghon* ; mais ces inscriptions
avaient été mal copiées, et, dans son édition de 1656 ,
cet écrivain substitua le mot AGEIONI à celui d'*Aghoni*.
Quelques découvertes de monumens élevés au même
Dieu, ont depuis confirmé cette dernière leçon [1]. On
retrouve ce nom sur l'autel placé sous le n.° suivant.

16. Autel découvert à Baudéan , village situé près de
Bagnères de Bigorre. Cet autel est consacré aux *Mon-*
tagnes apothéosées , au Dieu *Ageion*, et peut-être aussi
à *Nethon*. On lit en effet ce dernier mot sur l'autel. On
sait que le *Pic de Nethon* , point le plus remarquable de
la Maladetta, est aussi le plus élevé des Monts Pyrénéens ,
et qu'il a 1787 toises ou 3482 mètres de hauteur ab-
solue [2]. D'Orbessan qui, le premier, a fait connaître ce
monument , n'avait lu que le premier mot de l'inscription qui y est gravée. On a sculpté une *Patère* et un
Præféricule sur les faces latérales de cet autel.

17. On lit les mots SEX ARBORIBUS sur la principale face
de l'autel placé sous ce numéro. En l'élevant , *Quintus*
Eufas Germanus acquita le vœu qu'il avait fait.

D'Orbessan [3] et Millin [4] ont publié ce monument
avec peu d'exactitude ; nous l'avons donné de nouveau [5].

Selon Millin , il paraîtrait que *Germanus* aurait consacré ce monument à un bouquet d'arbres qui ombra-
geait sa maison, et qui lui paraissait devoir être l'asile
de quelque Divinité champêtre. Nous avions combattu
cette opinion , et des découvertes faites récemment ont
démontré que, sous le nom de *Sex arboribus* , les *Con-*
venæ adoraient un Dieu particulier. Dans quelques
inscriptions que nous avons recueillies aussi dans le département de la Haute-Garonne, on lit en effet SEX

---

1 Du Mège, *Monumens religieux* , etc. , 511 , 512.
2 Du Mège , *Statistique générale des départemens pyrénéens* , I , 46.
3 Mélanges, III.
4 *Voyage dans les départemens du midi*. IV.
5 *Monumens religieux* , 520.

ARROBI DEO [1]. Une Patère et un Præféricule ornent les petits côtés de cet autel, qui est en marbre blanc des Pyrénées, comme les précédens.

18. Autel consacré au Dieu *Baïcorrix*, et découvert dans le 4.me arrondissement de département de la Haute-Garonne. Ce Dieu gaulois, adoré autrefois par les *Convenæ*, n'était pas connu avant nos recherches. Nous possédons deux autres monumens qui lui furent consacrés.

19. Le Dieu *Bæsert* était de même inconnu avant nos voyages dans les Pyrénées [2]. On peut le compter au nombre des Divinités topiques ou locales; il a en effet donné son nom à un petit territoire, entre les villages d'Huos et de Labroquère; ce canton est encore nommé *Basert*. Ce Dieu y possédait un temple où l'on accourait des lieux voisins et auquel on substitua, pendant le moyen âge, une chapelle dédiée à *Notre-Dame de Basert*. Ce fut le Gaulois *Harbelex*, fils de *Harsus*, qui éleva cet autel pour accomplir le vœu qu'il avait fait au Dieu *Bæsert*. Un sanglier est représenté sur l'une des faces du monument; une amphore est sculptée sur la face correspondante.

20. *Boccus Harauson*, autre Dieu adoré autrefois par les *Convenæ*, ou plutôt par les *Onobusates*, doit être placé parmi les Déités topiques. Il a donné son nom au petit village de *Bouccou* en *Nébousan*, où l'on a découvert l'autel placé sous ce numéro, et son culte ne s'est pas étendu à une grande distance de Bouccou, puisque c'est à Aulon, qui n'en est éloigné que de 11,000 toises, que l'on a trouvé celui qui a été publié dans le *Thesaurus*, d'après la copie donnée par Scaliger.

L'autel de *Boccus* est en marbre blanc, comme tous nos monumens de ce genre; des vases de sacrifice sont sculptés sur les petits côtés. L'inscription nous apprend

---

[1] Ces inscriptions sont conservées chez l'auteur de cette Notice.

[2] *Monumens religieux*, 348, 349, 350.

qu'en élevant cet autel, *Marcus Falerius Fuscus* acquitta le vœu qu'il avait fait.

21. Nous avons trouvé, dans les lieux voisins du *Pic de Gar*, montagne du département de la Haute-Garonne, quelques monumens consacrés à un Dieu nommé *Car* ou *Gar*. L'autel indiqué ici est du nombre de ces objets antiques. On peut présumer qu'il fut consacré à cette montagne apothéosée.

22. Partie supérieure d'un autel élevé au Dieu *Garunius*.

Plein d'érudition, de zèle pour les progrès de l'archæologie et des arts dépendans du dessin, M. Millin a mérité l'honorable réputation dont il a joui pendant sa vie, et qui est attachée à son souvenir; mais, il faut l'avouer, quelques-uns des ouvrages de ce laborieux écrivain se ressentent trop de la précipitation avec laquelle ils furent composés, et, dans le nombre, on doit remarquer sur-tout le *Voyage dans les départemens du midi de la France*. Des omissions essentielles, des erreurs graves y paraissent dans chaque volume. Ce qu'il a dit sur une de nos Déités locales, nommée *Lahe*, a dû sur-tout exciter l'étonnement. M. Millin avait vu chez le sculpteur F. Lucas, un autel dont l'inscription commençait par ces mots :

LAHE

PRO SALVTE

DOMINORVM

et il avait vu aussi au Musée l'autel placé sous ce numéro, et sur lequel on lit : LAHE DEÆ. Cependant il n'était pas éloigné de croire que c'était le même personnage mythologique que le Dieu *Leherennus*, nommé ici *Laherennus*, ce qui fortifierait, disait-il, l'opinion de Keisler, qui croyait que ce Dieu était le même que le Dieu *Lahran* de la Thuringe. Mais le mot *Deæ* devait empêcher M. Millin de présenter des conjectures si peu probables. Ce mot prouve qu'il s'agit ici d'une Déesse. Nous avons retrouvé quelques autres monumens qui lui furent consacrés, et ce n'est point à Saint-Bertrand, au pied des Pyrénées, comme le croyait Millin, que ces marbres antiques ont été découverts, mais à Castelnau de Picampeau et à Francon, à plus de dix lieues de Saint-Bertrand de Comminges.

23. Cet autel, dédié à la Déesse *Lahe*, est d'une très-belle conservation; une Patère et un Praeféricule sont sculptés sur les faces latérales. Une couronne paraît sur le côté opposé à celui où l'on a gravé l'inscription [1]. Un trone a été creusé très-anciennement dans la masse de de cet autel.

24. Le Dieu *Leherennus* est connu par deux inscriptions recueillies par Sirmond, et publiées par Gruter [2]. Il paraît que ces monumens, trouvés dans le village d'Ardiége, 4.ᵐᵉ arrondissement communal de la Haute-Garonne, ayant été enlevés par un curieux, furent placés sur un radeau qui se brisa contre un écueil. Nous en avons découvert deux autres. Le premier, placé sous le n.º 24, est orné de vases de sacrifices sculptés sur les faces latérales. On lit sur le grand côté une inscription qui nous apprend que *Mandatus*, fils de *Masuetus*, éleva ce monument au Dieu *Leheren*, pour acquitter le vœu qu'il avait fait. Cette inscription, et celles qui ont été données par Gruter, ne nous font point connaître spécialement la place que ce Dieu occupait dans la hiérarchie mythologique. La suivante nous offre, à ce sujet, une indication certaine.

25. Cet autel, dont les petits côtés ont aussi un Praeféricule et une Patère, a été élevé pour accomplir le vœu fait par *Ingenus*, fils de *Sirieconis*. Mais ici le mot *Leherenni* est précédé de *Marti*. Ainsi *Leherennus* était une épithète ou un nom topique de *Mars*, chez les *Convenæ*.

---

1 Du Mège. *Monumens religieux* : 353, 354, 355, 356, 357, 358 et 359.

2 MLXXIV, 6, 7.

La galerie des antiquités ne renferme que ce petit nombre de monumens consacrés à des Divinités gauloises. Mais il serait possible d'ajouter beaucoup à cette collection, sans sortir des limites du département de la Haute-Garonne. Ainsi on pourrait y réunir : six autels à *Abellion* [1]; un à *Astoillunus* [2]; un autre à *Arardus* [3]; deux au Dieu *Iscitus* [4]; un à *Boccus Harauson*; et d'autres aux Dieux *Edelat, Expercennius, Aherbelste, Illumber, Eteioi, Baicorrix, Sex-arboribus, Xuban, Fagus, Alcassi, Ageion*, etc., etc [5]. Le Musée posséderait alors la série la plus nombreuse et la plus complète de monumens Celto-Romains que l'on ait encore formée, et cette collection obtiendrait alors une importance qui ne saurait être contestée parce qu'elle ferait connaître un grand nombre de faits ignorés, et une mythologie qui n'a pas laissé de souvenirs dans l'histoire.

---

1 Du Mège. *Monumens religieux* : 163, 194, 195, 196, 197, 198 *et seqq.*

2 Même ouvrage.

3 Même ouvrage.

4 *Ibid.*

5 Presque tous ces monumens sont placés dans le cabinet de l'auteur de cette Notice.

MONUMENS ROMAINS.

AUTELS.

Le Midi de la France est en quelque sorte couvert de monumens élevés pendant la domination des Césars. Néanmoins on a cru, pendant trop long-temps, que les villes d'Arles, de Nîmes et d'Orange, possédaient seules des objets dignes d'exciter l'admiration, et de retracer le souvenir du culte et des arts des Romains. Mais cette erreur est dissipée. Les vallons du revers septentrional des Pyrénées et les cités de la Novempopulanie ont conservé des marbres précieux qui, recueillis avec soin, jettent maintenant des clartés inattendues sur l'ancienne histoire de ces contrées. Nous allons examiner ceux qui ont été rassemblés dans le Musée de Toulouse.

26. Le culte de la *Mère des Dieux*, de la *Grande Mère* ou de la *Terre*, adorée aussi sous les noms d'*Ops*, de *Bérécynthie*, de *Rhée* ou de *Cybèle*, fut établi à Rome l'an 548 de la fondation de cette ville. Depuis long-temps l'image de cette Déesse était portée en triomphe dans les villes de la Phrygie, comme le modèle d'une admirable fécondité, et les peuples la félicitaient d'avoir un grand nombre de Dieux pour enfans, et de pouvoir presser cent petits-fils sur son sein maternel [1]. La statue de cette Déesse n'était qu'une pierre informe, qui, selon quelques-uns, serait tombée du Ciel, ce qui pourrait faire croire que ce n'était qu'une de ces pierres bien connues maintenant sous les noms de *Météorites* ou d'*Aérolithes*; d'autres

---

[1] ...... *Invehitur Phrygias turrita per urbes*
Læta Deum partu centum complexa nepotes.

disent que cette pierre avait été extraite du mont Agdus [1]. Les Romains ayant envoyé une ambassade vers le Roi *Attale* pour lui demander la statue ou la Pierre de la *Mère des Dieux*, obtinrent ce monument sacré qui fut transporté en Italie. Dans la suite, les Gaulois, confondus en quelque sorte avec les Romains, rendirent de grands honneurs à Cybèle. Ils promenaient son image à travers les champs et les vignes, sur un char traîné par des taureaux, espérant obtenir ainsi de cette Déesse la conservation des moissons et des fruits. Le peuple, dit Grégoire de Tours [2], chantait des hymnes religieux en accompagnant *Bérécynthie*, et formait des danses sacrées autour de son char. Beaucoup de monumens trouvés dans les Gaules attestent que son culte y fut en grand honneur; l'autel placé sous ce numéro, est un de ces objets. L'inscription gravée sur sa face principale, et que nous avons publiée en 1814 [3], annonce que ce marbre a été élevé à la *Mère des Dieux*, en accomplissement d'un vœu fait par *Cneius Pompeius Probus*, curateur ou intendant du temple de cette Déesse. Ce monument vient d'Aleth, petite ville du département de l'Aude. Des vases sont sculptés sur les faces latérales.

27. Ce second autel dédié à la *Mère des Dieux*, provient de *Lugdunum Convenarum*, ville antique qui occupait, comme nous l'avons annoncé, tout le territoire qui forme aujourd'hui la ville et le faubourg de Saint-Bertrand de Comminges, et le village de Valcabrére. Ce beau monument avait été transporté à Labroquere, qui n'en est éloigné que d'un kilomètre. Un Præféricule est sculpté sur l'un des petits côtés: une Patère à manche paraît sur l'autre. Des branches de chêne ornent la partie supérieure de l'autel. *Apollodore* [4] dit que le

---

1 *Arnob. contr. gentes. lib. II.*
2 *In vit. S. Simpl.*
3 *Monumens religieux,* 158.
4 *De Deor. lib. III.*

chêne était consacré à *Rhea*. L'inscription gravée dans le panneau de la face principale nous apprend qu'*Antonius Flavius Athenio* éleva cet autel pour accomplir le vœu fait par son épouse *Sabina*, fille de *Sabinus*.

28. Gruter a rapporté plusieurs inscriptions qui attestent le culte rendu autrefois à Jupiter par les habitans de *Lugdunum Convenarum*; mais presque tous ces monumens sont perdus. D'autres ont été découverts depuis, et dans le nombre on doit distinguer le bel autel placé sous ce numéro. Des vases d'une forme élégante sont sculptés sur ses côtés. L'inscription est bien conservée; on peut la traduire ainsi : « *à Jupiter très-bon et très-grand, Lucius Pompeius Masclinus* a acquitté de bon gré le vœu qu'il *avait fait.* »

29. Autre monument consacré à *Jupiter très-bon et très-grand. Ce* marbre vient aussi de *Lugdunum Convenarum.*

30. Autel consacré au *Soleil* et à la *Lune*, à *Isis Victoriense* et à *Isis Reine*, par *Caius Aurelius Secundus.* Ce petit monument fut découvert dans le village de *Lunax*, situé dans le 4.me arrondissement du département de la Haute-Garonne [1].

Suivant les systèmes théogoniques créés vers cette époque qui vit la décadence du Polythéisme, le *Soleil* n'était pas différent d'*Osiris*, de *Sérapis*, de *Mythras*, de *Pluton*, d'*Atys*, d'*Ammon*, d'*Adonis*, etc. Le poète *Martianus Capella* avait dit, dans un hymne adressé au *Soleil* : « L'univers t'invoque sous des dénominations différentes :

Sic vario cunctis te nomine convocat orbis. »

Nonnus, de Panopolis [2], dans son Poëme des *Dyonisiaques*, en invoquant le *Soleil*, s'écriait : « Roi des astres et Père du monde, sur les bords de l'Euphrate,

---

1 Du Mège, *Monumens religieux*, 158.

2 *Dyonisiac.*

on te nomme *Bélus*; dans la brûlante *Lybie*, on t'appelle *Jupiter - Ammon*; sur les rives du Nil, *Apis*; *Saturne*, chez les Arabes; *Jupiter*, dans l'Assyrie.... O Dieu puissant, soit que l'on doive te considérer comme le *Sérapis* des Egyptiens, ou comme *Mythras*, ou *Hélios* de Babylone, ou *Apollon* de Delphes, ou *Esculape* qui chasse les maladies, ou *Ether*, ou *Astrochyton*, daigne entendre ma voix!... »

31. Autel consacré à *Minerve* par *Marcus Attius Sabinianus*.

Ce monument a été trouvé à Saint-Guiraud, village du département du Gers [1].

32. Autel élevé aux *Dieux des Montagnes*, à *Diane* et à *Silvain*.

On ne lit pas aisément l'inscription gravée sur cet autel, presqu'entièrement noirci par le temps. Placé d'abord sur l'*Artigue de Salabre*, petite montagne voisine de celle de *Tous-es-flaüts*, et environnée de celles d'*Onéide*, de *Cot de l'Aouet*, de *Ncrepagn* et d'*Areign*, il recevait encore, il n'y a que peu d'années, les hommages des habitans des vallées voisines. Ce culte rendu aux génies protecteurs des hauts-lieux, était l'un des restes de cette antique religion, dont le Christianisme n'a pas encore, à l'instant où nous écrivons, effacé toutes les traces dans nos montagnes. J'ai vu les bergers s'approcher avec respect de cet autel antique qu'ils nommaient la *Pierre de Tous* : «Malheur, disaient-ils, dans leur langage énergique et pittoresque, malheur à celui qui porterait une main sacrilége sur ce marbre! La foudre frapperait cet impie.» On sait que dans le 13.me siècle les peuples du Conserans avaient une vénération profonde pour Diane, dont le nom est inscrit sur notre autel [5]. Cette déesse fut toujours comptée parmi les

---

1 D'Orbessan, *Mélanges historiques et critiques*, II, 356, 357. Du Mège, *Monumens religieux*, 250.

Déités des montagnes. Le poëte Callimaque fait adresser par *Diane* cette demande à *Jupiter* : « O mon père !... cède-moi les montagnes. Je ne demande qu'une ville à ton choix ; *Diane* rarement descendra dans les villes : j'habiterai les monts, et n'approcherai des cités qu'aux momens où les femmes, en proie aux douleurs aiguës de l'enfantement, m'appelleront à leur aide. » *Sylvain*, qui est associé ici à *Diane*, était le Dieu des forêts ; il était aussi compté parmi les Divinités agrestes :

..... *Fortunatus et ille Deos qui novit agrestes*
Panaque, Sylvanumque senem, Nymphasque sorores.

33. Autel à *Apollon*. Ce marbre a été trouvé à Labroquère.

33 *bis*. Autel consacré à la Divinité tutélaire du lieu où il fut primitivement placé.

34. Autel consacré à *Hercule invincible*. Ce monument provient du village de Valcabrère, bâti sur une portion du territoire occupé autrefois par l'ancienne ville de *Lugdunum Convenarum*.

35. Autel élevé pour accomplir un vœu à *Hercule Illunus d'Andose*, par *Cneius Pompeius Hyla*, affranchi de *Cneius Pompeius*. Cet autel était placé autrefois dans l'enceinte fortifiée de Narbonne, et l'on ne pouvait lire que l'une des inscriptions qui y est gravée ; l'autre était cachée par la maçonnerie. On voit sur l'une des faces et en relief la massue d'*Hercule* et la peau de lion. Sur le côté correspondant est une coupe ou cratère d'où s'échappent des feuilles de peuplier. Le P. *Montfaucon* [1] a traduit ainsi l'inscription qui est gravée sur le côté de l'autel que l'on aperçoit en entrant dans la galerie. « *Cneius Pompeius Hyla*, affranchi de *Cneius*, a accompli de son bon gré le vœu qu'il avait fait à *Hercule Illunus d'Andose*. » L'autre inscription peut l'être en ces termes, suivant le même archæologue : « Le dieu *Hercule invincible*. Il a fait de

---

[1] *Antiquité expliquée*. II. part. I. 251. pl. civ.

2*

ses propres deniers une statue d'argent du poids de douze livres. » Pour trouver un sens dans cette dernière inscription, ajoute le savant Bénédictin, il faut mettre un point après le mot *invincible*, et joindre, *il a fait de ses propres deniers*, etc. à l'inscription précédente : c'est *Cneius Pompeius Hyla*, qui, pour accomplir son vœu, a fait de ses propres deniers cette statue. Selon la manière ordinaire d'abréger les inscriptions, les lettres PP. XII, doivent s'expliquer *de douze pieds*; mais c'est une chose si extraordinaire, qu'une statue colossale d'argent de douze pieds de haut..... que je ne sais si on n'aimera pas mieux lire : *Pondo duodecim librarum*, du poids de douze livres. »

36. Les *Thermes Onésiens* qui, selon Strabon [1], auraient existé chez les *Convenæ*, ont quelquefois été confondus avec les *Aquæ Convenarum*, qu'il faut placer à *Capvern* [2], et aussi avec les bains d'Encausse. Nous croyons avoir montré ailleurs [3] que les plus grandes probabilités se réunissaient pour déterminer la position de ces thermes à Bagnères-de-Luchon. Les monumens que l'on a trouvés dans ce lieu annoncent qu'il jouissait d'une haute célébrité, et que la reconnaissance y éleva un grand nombre d'autels aux *Nymphes Naïades*, Déités tutélaires de ces lieux. L'un de ces autels, placé sous ce numéro, est orné d'une Patère et d'un Præféricule : l'inscription indique l'accomplissement volontaire d'un vœu fait aux *Nymphes*, par *Valeria Hellas*.

37. Cet autel, dont les formes sont moins élégantes que celles du précédent, a été aussi dédié aux *Nymphes Naïades*. Une femme nommée *Cassia Touta*, née dans la contrée possédée par les *Segusiani*, peuples de la Gaule celtique, fit faire ce monument pour acquitter le vœu qu'elle avait fait.

---

[1] Τῶν Ὀνησίων τόπων. *Geogr. liv.* IV. 190.

[2] *Monumens religieux des Volces Tectosages, des Garumni et des Convenæ*, 97 et suivantes.

[3] *Ibid.*

38. Autel dédié aux *Nymphes*. L'inscription est presqu'entièrement effacée.

39. Autels plus ou moins frustes, trouvés à Bagnères-de-Luchon, comme les précédens.

40. Autel provenant du village d'Ardiége. Le particulier qui l'éleva se nommait *Lucius Valerius Campanus*.

41. Fragment d'un autel votif découvert à Valcabrère.

42. Partie supérieure d'un autel, trouvé à Larivert, près de Saint-Béat.

43. Autel consacré aux *Dieux Mânes*. Ce monument provient des fouilles faites autrefois dans le territoire de Martres. Il était placé à Rieux, et l'on doit la conservation de ce monument et son transport dans le Musée de Toulouse, aux soins éclairés de M. de Thomas, juge de paix du canton de Rieux.

STATUES.

44. Petite statue de *Jupiter*. Quoique le bras droit ait été mutilé, on s'aperçoit qu'il était élevé, et qu'il tenait la foudre. Ce monument est en bronze, et a été trouvé près de la petite ville de Caraman, qui fait partie de l'arrondissement de Villefranche.

45. Statue d'*Isis*. Ce petit monument est en bronze : il fut découvert dans le village d'*Isaut de l'autel* [1], nom qui pourrait dériver d'un autel élevé à l'épouse d'*Osiris*. Le travail de cette figure est évidemment Romain ; le diadème, les cheveux, partagés sur le front, le *modius* ou boisseau que supporte la tête, et que recouvre par derrière une draperie, tout indique des symboles et un style qui différent entièrement des symboles et du style Égyptien. Seulement la partie inférieure de la figure ne dessinant aucune forme humaine, annonce

---

[1] *Monumens religieux*, 156. pl. I. n.° 2.

2.

que l'on a voulu donner à ce monument, un caractère particulier. Une main, la seule qui soit apparente, tient le jeune *Horus*, et la Déesse semble l'offrir ainsi aux regards de ses adorateurs.

On connaît l'attachement que, dans un temps assez bas, les peuples placés sous la domination romaine, montrèrent, comme à l'envi, au culte d'*Isis*. On sait que, chaque jour, ce culte commençait par des prières du matin, qu'il se terminait le soir par des prières, et que ceux qui s'y dévouaient, s'assemblaient en grand nombre et dans un costume particulier , au bas des marches du temple d'*Isis,* et autour du principal autel qui était dans l'avant-cour, pour assister à ces solennités , dont les rits étaient d'ailleurs prescrits dans les livres sacrés. Nous avons déjà vu un autel élevé à *Isis reine* et à *Isis victorieuse.* Ce monument, celui que nous venons d'indiquer, et quelques autres qui n'existent point dans les collections du Musée, mais que l'on a découverts dans le département de la Haute-Garonne, pourraient montrer que le culte d'*Isis* fut autrefois en grand honneur dans ces contrées. Un marbre antique, trouvé à Martres, vient encore fortifier cette opinion.

46. Cette statue a 1 mètre 69 centimètres de haut; elle est en marbre gris veiné de blanc. La tête était rapportée , et n'a pas été retrouvée : elle devait être en marbre blanc, car le bras droit et le pied du même côté, seuls objets ayant appartenu à cette figure que l'on ait retirés du milieu des ruines, sont en marbre blanc. L'ajustement du manteau noué sur la poitrine, et les franges qui ornent les draperies, indiquent une *Isis romaine,* et l'on est confirmé dans cette idée, en observant que la main droite, qui se projette en avant, tient encore la poignée d'un instrument qui, peut-être, était le *sistre* que l'on voit si souvent porté par cette Déesse. Le travail de ce monument est large et facile.

Une des causes les plus probables de l'universalité du culte d'*Isis,* est le pouvoir immense qui lui était attribué. *Apulée* lui dit : « Les Déités célestes et révé-

rent. Les puissances infernales te redoutent. O Déesse !
c'est toi qui imprimes le mouvement à notre globe. Tu
brilles dans le Soleil; tu règnes sur le monde entier,
et tu foules aux pieds le ténébreux Tartare. Les astres
obéissent à tes volontés; tu répands l'alégresse parmi
les Dieux; ta sagesse éternelle règle l'ordre des saisons;
les élémens sont sous tes ordres; les vents ne souf-
flent et les nuages ne s'assemblent qu'à ton gré; les
semences ne peuvent germer ni croître sans toi. »

47. *Mercure* fut l'un des principaux Dieux des Gaulois.
Ses images sont très-communes dans le Midi de la
France, et nous avons recueilli les dessins d'un assez
grand nombre de statuettes qui le représentent. *Cicéron* [1]
comptait cinq *Mercures* : le premier, fils de *Cœlus* et
de *Dies*; le second, fils de *Valens* et de *Phoronis*; le
troisième, fils de *Jupiter* et de *Maïa*; le quatrième,
fils du *Ciel*. Le dernier dont il ne nomme point les
parens, et que les Grecs nommaient *Hermès*, régna
sur les Égyptiens, leur enseigna les lettres et leur
donna des lois. Le plus célèbre de tous fut celui qui
naquit de *Jupiter* et de *Maïa*, et on lui attribue géné-
ralement la plus grande partie des actions des quatre
autres. On représente ordinairement ce Dieu sous la
forme d'un jeune homme nu, ou n'ayant qu'un petit
manteau sur ses épaules. Sa tête est couverte du *pétase*
ou bonnet de voyageur; deux ailes sont attachées à
cette coiffure; d'autres ailes sont quelquefois placées à
ses talons : il tient un caducée; on met une bourse
dans sa main gauche. Voici le portrait que *Virgile* fait
de ce Dieu dans le quatrième livre de l'Énéide [2].

> Il attache d'abord ses brodequins dociles,
> Qui, soutenant son vol sur leurs ailes agiles,
> Au-dessus des vallons, des montagnes, des mers,
> Plus vîte que les vents lui font fendre les airs;
> Ensuite il prend en main sa baguette puissante
> Qui maîtrise à son gré la Parque obéissante,

---

1 *De Naturâ Deor.* lib. iij.
2 Traduction de *Delille.*

Rouvre quand il lui plaît les portes du tombeau,
Imprime de la mort le redoutable sceau,
Ôte ou rend le sommeil, fend les sombres nuages,
Et fraie au Dieu sa route à travers les orages.

Les ruines de *Lugdunum Convenarum* ont offert plusieurs monumens relatifs au culte rendu à Mercure. Dans le nombre on distingue une statuette en bronze, qui est conservée chez M. le Baron d'*Agos* [1], et un autel votif élevé par *Masculus*, affranchi d'*Ingenua* ; ce monument est placé dans le cabinet de l'auteur.

48. Cette statue de *Mercure* est en bronze ; elle a perdu une partie de ses attributs. Ce dieu ne tient plus ni la bourse, ni le caducée [2].

49. Autre petite statue de *Mercure*. Ce monument fut trouvé, il y a quelques années, près du village de Pujaudran, non loin des limites des *Tolosates* et des *Ausci*.

50. *Mercure* est ici représenté la tête couverte d'un casque. Cet attribut se retrouve sur plusieurs monumens donnés par Caylus et par quelques autres antiquaires. Il porte aussi l'épée.

51. *L'Amour*, tenant d'une main un papillon, symbole de *Psyché* ou de l'âme, et s'appuyant de l'autre sur un cippe carré, image de la durée ou de la stabilité. Le cou du dieu est orné du collier ou *torquis* des Gaulois. On assure que ce petit monument fut trouvé près de la petite ville de Caraman ; mais on n'oserait pas en garantir l'antiquité.

L'Amour, qui, suivant *Hésiode* [3], parut après que la terre fut sortie du chaos, est le même Dieu né d'un œuf, selon *Aristophane*, et auquel un ancien poète grec adressa cette prière : «J'invoque *le premier né, le grand à double forme*, errant dans les

---

[1] Cette dernière figure est remarquable en ce que la tête du *Dieu* est ceinte d'une couronne de laurier.
[2] Du Mége. *Monumens religieux*, 150, pl. III. 2
[3] *Théogon.*

cieux, *engendré d'un œuf*, se jouant avec ses ailes
dorées, origine, principe vivifiant de tous les êtres
que sa voix de taureau appelle à la vie. Source d'existence et de lumière, de quelque côté que te porte le
mouvement de tes ailes, tu brilles d'une clarté vive et
pure, et de là vient ton nom de *Phaneta*, le premier
qui parut dans l'infini, celui de *Père des générations*,
celui de cet astre éclatant qui éclaire tout ce qui l'en-
vironne. Heureux par l'immensité de tes desseins et par
la diversité de tes productions, Dieu puissant, viens
avec complaisance recevoir les sacrifices de ceux qui
sont initiés à tes saintes orgies. » Cet hymne prouve
que les anciens ont enseigné dans leur mystérieuse
théogonie, que l'*Amour* n'était pas différent du *Soleil*.
Ce *Phanès* ou *Phaneta*, mentionné par le poète grec,
n'est en effet, suivant *Macrobe*, que la lumière du
Soleil, et le premier rayon qui jaillit du chaos pour
l'environner de son éclat. Un poète moderne [1] a expri-
mé les mêmes idées dans les vers suivans :

> Sous mille ingénieux symboles
> On voile ta divinité.... ;
> Mais, l'arc en main, ou ceint de lierre,
> Qu'on t'appelle *Amour* ou *Bacchus*,
> C'est le même Dieu qu'on révère,
> C'est toujours toi, divin *Phœbus*.

52. *Esculape* ou *Æsculape*, était fils d'*Apollon* et de
Coronis. Celle-ci étant dans le Péloponnèse avec son
père *Phlégias*, fut se cacher à Épidaure, où elle accou-
cha d'un fils. Elle exposa cet enfant sur une montagne
nommée Myrthion, des myrtes qui y croissaient de toute
part. *Esculape* y fut allaité par une chèvre, et pour
conserver le souvenir de cette aventure, la montagne
prit le nom de Titthyon ou de la Mamelle. Suivant une
autre tradition, avant la naissance d'*Esculape*, sa mère
s'était laissé séduire par *Ischys*, fils d'*Eletus*. Dans un
transport de jalousie, *Apollon* tua *Coronis*, et *Mercure*
retira *Esculape* du bûcher. Quelques anciens disaient

---

[1] M. Johanneau.

que la chèvre qui allaita ce dernier, faisait partie du
troupeau du berger Aresthanas, et que le chien de
celui-ci préserva l'enfant des attaques des animaux. Le
berger allant chercher la chèvre et le chien, les trouva
près du fils d'*Apollon*, qu'environnait une lumière
éclatante. Suivant plusieurs écrivains, *Autolaüs* rencon-
tra *Esculape* exposé dans les champs Thelpusiens, et lui
donna *Trygone* pour nourrice. A Leuctre, on croyait
qu'*Esculape* était le fruit des amours d'*Apollon* et
d'*Arsinoë*, fille de *Leucippe*. Les Sidoniens reconnais-
saient *Apollon* pour père d'*Esculape*; mais ils ajoutaient
qu'il n'avait pas eu de mère. Les traditions les moins
en honneur dans l'antiquité sont celles selon lesquelles
il serait fils de *Mercure* ou d'*Arsippus*. Confié aux soins
du Centaure *Chiron*, il apprit à connaître les vertus
des plantes, et l'art de guérir les maladies. Après sa
mort, il reçut les honneurs divins, et il fut adoré comme le Dieu de la Médecine. Sur une médaille d'*Antonin*,
frappée à Nicée, *Esculape* a le titre de ΣΩΤΗΡ ou de
Salutis Dator : sa fille *Hygéa* ou *Hygia*, porte très-sou-
vent une épithète semblable. Une inscription découverte à Messine, est ainsi conçue :

ΑΣΚΛΗΠΙΩ
ΚΑΙ ΥΓΕΙΑ
ΣΩΤΗΡΙΟΙΣ
ΠΟΛΙΟΥΧΟΙΣ
ΑΙΛΙΩ ΑΔΡΙΑΝΩΙ
ΑΝΤΩΝΕΙΝΩΙ
ΣΕΒΑΣΤΩΙ ΕΥΣΕΒΕΙ
Π. Π.

C'est-à-dire : *Æsculapio et Saluti servatoribus, urbis
custodibus, pro Ælio Hadriano Antonino, Pio Augusto,
Patri Patriæ.*

53. La statue placée sous ce numéro a été découverte en
1846, dans les champs de Martres; elle est en marbre
de Luni et a 68 centimètres de hauteur. La tête avait
jadis été ajoutée et n'a pas été retrouvée. Le travail est
très-bon, et la conservation du torse et de la partie inférieure laisse peu de chose à désirer. Esculape s'ap-

puyait à l'ordinaire sur un bâton noueux. On voit encore ici le serpent qui est l'un des attributs de ce dieu, sans néanmoins pouvoir servir d'unique indication pour reconnaître ses images, car d'autres divinités avaient le même symbole. *Pausanias* [1] dit en effet, en parlant de *Trophonius* et d'*Hercina*, qu'on les prendrait pour *Esculape* et *Hygéa*, parce que les serpens leur sont communs ainsi qu'à ces derniers.

54. On ne croit pas se tromper en donnant le nom d'*Hygéa* à la petite statue, en marbre de Paros, placée sous ce numéro. Cette figure, due sans doute à un artiste grec du plus grand mérite, n'a que 32 centimètres de hauteur. La tête avait, comme à la statue d'*Esculape*, été rapportée, et l'on voit, de même encore, le creux pratiqué pour la fixer. Ce monument est d'une beauté parfaite, et il est à désirer que de nouvelles fouilles en fassent retrouver la partie supérieure qui doit être du travail le plus élégant et le plus correct, si on en juge par le rare talent que le sculpteur a montré dans l'ajustement des draperies et dans l'ensemble de cette précieuse figure.

La déesse tient ici un serpent, et cet attribut l'accompagne presque toujours sur les pierres gravées et les médailles. Quelquefois elle porte une patère dans laquelle le serpent va manger. Placée dans les temples, près de la statue d'*Esculape*, celle d'*Hygéa* a souvent près d'elle l'image de *Telesphorus*.

55. Cette petite figure représente *Hercule* dans une attitude modeste et qui rappelle en quelque sorte celle de la *Vénus Pudique*. Peut-être doit-on reconnaître ici avec Caylus [2], qui a publié une figure d'*Alcide* qui offre la même disposition, un *Hercule Misogyne*, ou ennemi des femmes, dont, suivant Pausanias, le temple était dans la Phocide.

56. Statue de *Vertumne*. Ce dieu présidait au changement

---

1 Beotic. l. IX, c. 39.
2 Recueil d'antiquités, V. pl. LXVI, 188.

des saisons, et on croit que c'est de là que vient son nom, *vertere* signifiant changer. Peut-être ce nom dérive-t-il plutôt des diverses formes qu'il prenait. Il avait quelquefois, dit Ovide [1], l'habit grossier de moissonneur, et portait des corbeilles pleines d'épis; il était souvent couronné d'herbes différentes; on le voyait déguisé en laboureur, en faucheur, en vigneron, portant quelquefois des échelles pour aller cueillir des fruits; tantôt il prenait les attributs d'un soldat, tantôt ceux d'un pêcheur :

> *O! quoties habitu duri messoris aristas*
> *Corbe tulit! verique fuit messoris imago!*
> *Tempora sæpè gerens fœna religata recenti,*
> *Desectum poterat gramen versasse videri.*
> *Sæpè manu stimulos rigidâ portabat; ut illum*
> *Jurares fessos modò disjunxisse juvencos.*
> *Falce datâ, frondator erat, vitisque putator.*
> *Induerat scalas? lecturum poma putares.*
> *Miles erat gladio, piscator arundine sumptâ.*

Tous les Dieux agrestes aimaient *Pomone*, belle nymphe, célèbre par l'art avec lequel elle cultivait les jardins; mais aucun n'avait pu lui plaire. *Vertumne* fut plus adroit et surtout plus heureux; pour avoir souvent l'occasion de la voir, il prenait les diverses formes que nous venons d'indiquer. Un jour, déguisé en vieille femme, après avoir vanté les charmes de la nymphe et ses talens pour les travaux champêtres, il lui raconta tant d'aventures qui montraient les malheurs qui avaient pesé sur celles qui n'avaient pas été sensibles aux charmes de l'amour, qu'enfin *Pomone* se rendit et devint l'épouse de *Vertumne*. Ce dieu est représenté le plus souvent tenant des fruits et portant une corne d'abondance. Dans la statue que l'on voit ici, on lui a donné les formes de l'adolescence; il a le court vêtement de moissonneur. L'extrémité de sa main droite, et la gauche qui tenait la corne d'abondance, n'ont pas été retrouvées. Il en est de même d'une partie des jambes. Cette figure, en mar-

---

[1] *Métamorph.* XIV.

bre de Luni, a environ 1 mètre 25 centimètres de haut;
elle a été découverte à Martres, en 1826.

57. Les anciens ont souvent représenté les *Faunes*, divinités adorées sur-tout par les habitans de la campagne.
On les a quelquefois confondus avec les *Satyres*, les
Pans, les *OEgipans*. Ils ont presque toujours des oreilles
de chèvre, et une petite queue. Les poètes leur donnent des pieds de bouc et des cornes. Ils ont des verrues
pendantes sous les mâchoires; pour *tout* vêtement ils
portent quelquefois la *nébris* ou peau de chèvre, ou
bien la *pardalis* ou peau de panthère. C'est ce dernier
objet qui est placé près du Faune découvert depuis peu
de temps à Béziers. On ne trouve point l'indication de
l'un de ces vêtemens sur la statue de Faune trouvée à
Martres en 1826, et qui est dans le Musée de Toulouse
sous le n.º 57; la tête manque ainsi que les bras et une
cuisse; le devant du torse et le dos annoncent que l'auteur de ce beau morceau imitait avec beaucoup de succès
la nature. Un trou, dans le mamelon gauche, et destiné
à recevoir un petit bouton de bronze ou de fer, indique
que ce Faune tenait près de sa poitrine un objet détaché
qui avait besoin d'un soutien; la cuisse *gauche* était
relevée; des tenons en marbre laissés par le sculpteur
montrent que cette figure faisait partie d'un groupe.
Les formes de la partie inférieure étant celles de la
chèvre, on ne peut se méprendre en donnant à ce beau
morceau le nom de *Faune* ou de *Satyre*. Il a passé du
cabinet de l'auteur de la Notice dans la collection formée
par la ville de Toulouse.

BUSTES, TÊTES ET MÉDAILLONS
REPRÉSENTANT DES DIVINITÉS.

58. Ce petit buste d'*Isis* est évidemment romain; il paraît
qu'il était destiné à être porté comme une amulette.
L'universalité du culte de cette Déesse a fait multiplier
et répandre ses monumens dans toutes les parties de
l'empire romain. Celui-ci provient du village de Tredos,

dans la *Vallée d'Aran*, petit canton qui, bien que situé sur le revers septentrional des Pyrénées, fait cependant partie de l'Espagne, mais qui, autrefois, était enclavé dans le territoire des *Convenæ*, nommé plus tard *le Comminge*.

Nos recherches ont produit la découverte de quelques marbres qui prouvent les honneurs rendus à *Isis* par les habitans de la Gaule narbonnaise et de l'Aquitaine. On a vu plus haut (n.º 3o) un autel votif sur lequel on lit ces inscriptions :

ISIDI   ISIDI

VICTRICI.   REGINÆ.

Dans d'autres inscriptions antiques *Isis* a aussi le titre de *Victricis* [1]. Apulée [2] nous apprend que les Égyptiens donnaient le nom de *Reine* à *Isis*. Dans le discours que cette Déesse adresse à Lucius, elle dit : « Je suis la Nature, mère des choses, maîtresse des élémens, le commencement des siècles, la souveraine des Dieux, la reine des mânes, la première des natures célestes, la face uniforme des Dieux et des Déesses; je domine la sublimité lumineuse des cieux, les vents salutaires des mers, le silence lugubre des enfers; ma Divinité unique est honorée dans tout l'univers, mais sous différentes formes, sous plusieurs noms et par des cérémonies diverses. Les Phrygiens, les premiers nés des hommes, m'appellent la *Pessinuntienne*, Mère des dieux ; les Athéniens, *Minerve Cécropienne* ; Ceux de Cypre, *Vénus de Paphos*; les Crétois, *Diane Dictynne* ; les Siciliens, qui parlent trois langues, *Proserpine Stygienne*; les habitans d'Eleusis, l'ancienne *Déesse*, *Cérès* ; d'autres, *Junon* ; d'autres, *Bellone* ; quelques-uns, *Hécate* ; quelques autres, *Rhamnusie*; Mais les Égyptiens, qui sont instruits de l'antique doctrine, m'honorent avec des cérémonies qui me sont

---

1 Gruter, LXXXIV, 2.
Du Mège, *Mémoires de la Société royale des Antiquaires de France*, II, 76-82.
2 *Metamorph.* lib. XI.

propres et convenables, et m'appellent, de mon vrai
nom, la *Reine Isis*. »

59. Si, d'après les systèmes des mythologues, *Vénus* n'était
pas différente d'*Isis*, on doit cependant remarquer que
ses mythes, entièrement différens, ont un charme que
n'offrent jamais ceux de la puissante épouse d'*Osiris*.
Quatre Déités, suivant Cicéron [1], portèrent le nom
de *Vénus*, la première était fille du *Ciel* et du *Jour*;
la seconde était née de *Cælus* et de l'écume des mers,
et fut nommée *Aphrodite*, du mot *aphros* qui signifie *écume* ; la troisième était fille de *Tyrius* et de
Syria ; et la quatrième, de *Jupiter* et de *Dione*. Bien
avant Apulée, le poète Lucrèce [2] regardait *Vénus*
comme la première des causes. « O volupté des hommes
et des Dieux, lui disait-il; douce *Vénus*, toi qui fais
lever sur la mer les signes célestes qui la rendent na-
vigable et qui couvres la terre de fruits; c'est par toi que
tout ce qui respire est engendré et voit l'éclatante lumière du soleil ; tu donnes seule des lois à la nature. »

> . . . . . *Hominum Divûmque voluptas*
> *Alma Venus, cæli super labentia signa*
> *Quæ mare navigerum, quæ terras frugiferentes*
> *Concelebras. Per te quoniam genus omne animantum*
> *Concipitur, visitque exortum lumina solis*
> . . . .
> *Quæ quoniam rerum naturam sola gubernas.*

Les habitans de la partie méridionale des Gaules
rendirent de solennels hommages à la Déesse de la
beauté : le temple de *Vénus Pyrénéene*, bâti sur les
bords de la Méditerranée, était célèbre, et révéré par
les navigateurs. Des monumens nombreux attestent
le culte rendu à *Cythérée* dans la Novempopulanie et
dans la région possédée par les *Tolosates* [3]. Lebret [4]
a parlé d'une tête de *Vénus* trouvée à Martres, vers le

---

1 *De Naturâ Deorum*, lib. III.
2 *De rerum Nat.* lib. I.
3 *Monumens religieux*, 257 et suiv.
4 *Lettres diverses.*

milieu du 17.me siècle, et qui, après avoir été conservée pendant long-temps dans le Palais épiscopal de Rieux, a, d'après notre demande, été déposée dans le Musée par M. Palene, ancien Maire de cette petite ville. « Nous vîmes, dit Lebret, dans une des salles de l'Évêché, des restes de sculpture qui ne cèdent point à ceux que l'on va tous les jours en foule admirer en Italie. Ce sont huit têtes de marbre, dont l'une est de *Bacchus* [1], une autre d'un vieillard que je crois *Silène*, son père nourricier, celle d'un Satyre, trois autres de Bacchantes, comme je le jugeai à leurs cheveux entortillés de lierre; la septième d'une femme qui pourrait bien être *Ariadne*, maîtresse de *Bacchus*, ou plutôt *Cérès* qui est souvent invoquée avec ce Dieu, et la huitième celle d'une femme que Gervais [2], habile sculpteur de Toulouse, croit être de *Vénus*, parce qu'elle a beaucoup de rapport avec le tronc de la statue de cette déesse, qui est chez M. de Frezals, Conseiller au Parlement, à qui on l'apporta, il y a quelques années, du même lieu où l'on vient de trouver tout cela. » Cette tête en marbre de Luni, a souffert anciennement quelques mutilations; l'extrémité du nez a été brisée ainsi qu'une partie de la bouche.

60. Bien supérieure à ce morceau, et même à tout ce qui a été découvert dans les champs de Martres, la tête que l'on voit sous ce numéro, peut être considérée comme l'un des chefs-d'œuvres de l'art statuaire. On ne peut que conjecturer que le monument indiqué ci-dessus, représente *Vénus*, mais ici il n'y a point de doutes. L'imitation de la nature dans ce qu'elle a produit de plus parfait, et le beau idéal même, n'auraient pu représenter sous de plus admirables formes, cette déesse que Lucréce a nommée la *Volupté des hommes et des Dieux*. Une bandelette presse et s'enroule deux fois autour de la chevelure. On re-

---

1 Elle est maintenant dans le Musée. —
2 Gervais Drouet.

trouve dans les traits ce contour délicat, pur et gracieux qui est la véritable ligne de beauté. Nous ne
croyons point que l'art ait enfanté chez les Grecs
une plus agréable image. Cette tête en marbre de
Paros, et qui, d'après les indications de la partie inférieure du cou, doit avoir été ajustée sur un buste,
peut-être même sur une statue, est d'une conservation
presqu'entière. L'extrémité du nez avait seule un peu
souffert. Les cheveux sont faits avec cette facilité, ce
laisser-aller, que l'on remarque quelquefois dans le
travail des mêmes objets lorsqu'ils ont été représentés
par les plus célèbres artistes de l'antiquité.

61. En lisant un passage des lettres de Lebret, on a vu,
suprà, pag. 3o, que l'on avait cru retrouver, à Martres,
pendant le 17.ᵐᵉ siècle, une tête d'*Ariane*; mais que
cette tête pouvait aussi être celle de *Cérès*. Cette incer-
titude provenait sans doute de ce qu'aucun attribut
particulier ne déterminait d'une manière précise qu'elle
était la déesse représentée par cette tête. On ne saurait
élever de doutes semblables pour le monument mis sous
ce numéro. La tête, en marbre blanc veiné de rouge vers
la partie inférieure, est bien celle d'*Ariane*. Ce n'est
plus l'amante de Thésée, abandonnée sur les rochers de
Naxos, c'est l'épouse du fils de *Jupiter* et de *Sémélé*,
dans tout l'éclat de sa beauté. La couronne bacchique
formée de feuilles de lierre et de grappes de corymbe,
presse ses cheveux ajustés avec grâce et relevés en
nœud derrière la tête. Le vêtement qui couvre le
buste, sans déguiser les formes les plus heureuses,
est rouge, et ce n'est pas sans dessein que l'artiste a
donné une tunique de cette couleur à l'immortelle
épouse du Dieu des vendanges. Ce monument, qui
n'a exigé que peu de restaurations, est dû à un artiste
grec du plus rare mérite. La grâce et la pureté des
contours, la légèreté du travail, mettent ce buste au
rang des morceaux les plus précieux que possède le
Musée. Il est placé, ainsi que la tête de *Vénus*, sur un
cippe en marbre de Caunes.

62. Ce petit buste en hermès [1], est encore une précieuse représentation d'*Ariane*. La conservation est parfaite, et plus de vingt siècles ont passé sur ce monument sans en altérer les formes enchanteresses. Le marbre dont il est formé, a seulement pris une teinte jaune plus vigoureuse, plus prononcée. Les cheveux sont ceints d'une couronne de feuilles de lierre, de corymbes et de grappes de raisins : quelques-uns retombent avec grâce autour du cou et sur le haut de la poitrine. On a placé ce buste sur un cippe en marbre.

63. Les anciens ont multiplié presqu'à l'infini les têtes de *Bacchus indien* ou *Barbu*, mais les collections connues en offrent peu d'une aussi grande perfection de travail, et d'un volume aussi petit que celui-ci. Cette tête [2] est à peu près de la même proportion que celle d'*Ariane* que nous venons de décrire, et l'on pourrait croire d'abord, le marbre étant à peu près le même, que ces deux objets ont formé autrefois un hermès à deux têtes. Mais la partie inférieure de ce petit monument n'ayant pas été retrouvée, et le travail étant encore plus digne d'attirer l'attention que celui du buste d'*Ariane*, on ne peut rien affirmer à ce sujet. Les cheveux de *Bacchus*, environnés d'un diadème, sont frisés sur le devant. Sa longue barbe est coupée d'une manière uniforme. Les yeux ont été creusés pour y rapporter des prunelles en émail ou en quelque pierre précieuse.

64. Cette tête, en marbre de Luni, était sans doute appliquée, comme un masque, sur un autre monument. On remarque encore le trou qui devait recevoir un morceau de métal destiné à la retenir. C'est cette tête de *Bacchus* dont parle Lebret, et qui, découverte à Martres, avait jadis été transportée à Rieux. Le travail

---

[1] Il n'a que 21 centimètres de hauteur.

[2] Elle n'a que 16 centimètres de haut.

en est très-médiocre [1], et la conservation peu satisfaisante. L'auteur de cette Notice avait, depuis plus de 12 ans, déposé ce morceau dans le Musée de Toulouse.

Rien ne saurait mieux démontrer la richesse monumentale de la *Villa* romaine découverte dans les champs de Martres, et qui, selon nos conjectures, aurait fait partie de *Calagurris* des *Convenæ*, que le nombre et la grandeur des morceaux de sculpture qui étaient encastrés dans ses murs. Sans doute, ces sculptures architecturales, la plupart exécutées en marbre des Pyrénées, n'ont, ni la pureté des formes, ni le style gracieux ou sévère des monumens détachés, trouvés dans le même lieu, et que nous avons décrits, ou qui bientôt vont être indiqués; mais on y reconnaît cependant des productions estimables de l'art antique, et le *fini* qui leur manque quelquefois ne doit être même attribué qu'à la position élevée qu'ils devaient occuper dans l'édifice, position qui exigeait plutôt l'emploi du grandiose, que la recherche des détails et la grâce de l'ensemble. Ces remarques nous ont paru devoir précéder la description des médaillons et des grands bas-reliefs de la *Villa* que nous avons retrouvée.

65. Médaillon circulaire qui contient le buste de *Jupiter*. La tête du Dieu est ceinte du large bandeau qu'il porte souvent [2]. La barbe descend en torsades parallèles sur le cou. Les cheveux sont de même arrangés d'une manière uniforme des deux côtés. L'épaule droite de ce buste, qui est en très-grand relief, a été restaurée. Le masque avait peu souffert.

66. Médaillon un peu plus grand [3], et qui contient le buste colossal de *Cybèle*. Cette déesse est parfaitement caractérisée par la couronne murale, ou ornée de tours, qui est placée sur sa tête, et que re-

---

1 *Monumens religieux*, 262, 263.

2 Ce médaillon a 64 centimètres de diamètre.

3 Il a 82 centimètres de haut sur 60 de large.

couvre par derrière une large draperie qui s'étend jusque sur les épaules. Suivant Lucrèce [1], le front de la Déesse était orné d'une couronne murale, parce que la terre est couverte de villes et de forteresses.

Muralique caput summum cinxere corona,
Eximiis munita locis quia sustinet urbes.

67. Le buste d'*Attes*, *Attis*, *Attys*, *Attin* ou *Atys* ne pouvait être mieux placé que dans l'enceinte décorée par celui de *Cybèle*. On connaît l'amour que la Déesse conçut pour ce jeune homme. Suivant plusieurs écrivains, il eut pour mère *Nana*, fille du roi *Sarganus*; quelques mythologues lui donnent pour père *Calaüs*, roi de Phrygie. Épris des attraits de la nymphe *Sangaris*, il se déroba aux empressemens de *Cybèle*; celle-ci fit mourir *Sangaris* en coupant un arbre auquel ses jours étaient attachés, et *Atys*, dans sa douleur, pratiqua sur lui une mutilation à laquelle les *Galles*, ou prêtres de la grande Déesse, furent soumis dans la suite. Mais *Cybèle* rendit à celui qu'elle aimait ce que, dans son désespoir, il avait perdu. Les monumens représentent quelquefois *Atys* et *Cybèle*, et des inscriptions leur sont consacrées en commun. Ainsi sur un marbre rapporté par Gruter, et où les deux personnages mythologiques paraissent [2], on lit en abrégé une consécration à la *Mère des Dieux, Grande Idéenne*, et à *Atys*:

M. D. M. I. ET ATTINIS.

La tête d'*Atys* est couverte du *Corno* ou bonnet Phrygien. Ses cheveux tombent en longues boucles des deux côtés. Il a fallu restaurer l'épaule droite et la poitrine.

---

[1] *De rerum Naturâ.*

[2] *Cybele sive Ideæ Deorum Mater turrita, in curru sedens, à leonibus vehitur, dextrâ spicas miliumque, sinistrâ tympanum tenens.*

Stat contrà Attis puer pinni innixus, mithratus bracchatusque dextramento subjecta, sinistrâ etiam tympanum tenens, et pedum illi à tergo astat.

68. Les images de tous les Dieux de la première classe
servaient à la décoration du vaste édifice dont nous
avons retrouvé les ruines, et ce médaillon offre, selon
toute apparence, la figure de *Junon*, épouse et sœur de
Jupiter. Ses traits ont de la grandeur, de la majesté.
Un diadème ceint sa tête : les cheveux sont disposés
avec art.

69. Ce médaillon a été presqu'entièrement rétabli à l'aide
des fragmens épars que l'on a retrouvés dans les fouilles ;
la face seule a dû être restaurée. *Minerve* est la déité
représentée par ce marbre : elle porte l'égide et le
casque, sur lequel des griffons sont sculptés. Suivant
Homère, la tête de la *Gorgone* était gravée sur la redoutable égide de *Minerve* : Virgile ajoute qu'elle
l'était aussi sur sa cuirasse, à l'endroit qui couvrait la
poitrine de la Déesse. L'artiste auquel on doit ce médaillon s'est conformé à la tradition conservée par le
poëte latin, et le devant de la cuirasse est orné de la
tête de *Méduse*, et des serpens qui s'enlaçaient dans ses
cheveux. Le plus grand des lyriques grecs, Pindare,
dit que *Minerve*, qui secondait *Persée* lorsqu'il com-
battait contre *Méduse* [1], fut étonnée de la mélodie que
formaient les gémissemens des *Gorgones* et les siffle-
mens de leurs serpens, et que, trouvant un certain
charme dans le mélange de ces accens lugubres, elle
voulut en retracer l'idée, en inventant une flûte qui
les imitait, et, qu'en faisant allusion à ce qui en avait
été le premier modèle, elle appela les divers sons que
l'on en tirait, une harmonie à plusieurs têtes.

70. Les divers médaillons qui décoraient la *Villa* découverte à Martres, n'ont pas tous été retrouvés : de nombreux fragmens recueillis dans les fouilles n'ont pu

---

1 La tête de *Méduse* paraît sur les boucliers représentés dans les
bas-reliefs qui décorent les arcs de triomphe. On la voit ornant les
boucliers sculptés sur les frises encastrées dans les murs des portes de
Béziers et de Perpignan, à Narbonne ; sur les bas-reliefs de Valcabrère,
etc. Nous donnons ces divers monumens dans l'*Archæologie pyrénéenne*.

être ajustés de nouveau , mais les principaux sont disposés de manière à ne point priver le public de leur vue. Ainsi une belle tête qui, par l'ajustement des cheveux et l'agrément répandu dans les traits, pourrait être prise pour celle de *Vénus*, a été unie à un buste moulé sur celui de *Junon*. Un diadème orne cette tête qui, sous le rapport de l'art, paraît préférable à celle des autres médaillons dont on a déjà parlé.

71. Ce médaillon n'offre d'antique que la tête de Déesse qui y a été adaptée.

72. *Vulcain*, nommé *Ephaistos* par les Grecs [1], était toujours représenté, comme ici, avec une barbe épaisse, et portant un bonnet rond ou *pileus*. Souvent il a un vêtement qui ne descend que jusqu'au dessus du genou. Les tenailles qu'il porte dans sa main gauche ont, dans ce médaillon, été figurées près de sa tête. Le torse appartient à un autre monument; mais les proportions ne diffèrent pas d'une manière essentielle, et le travail large et facile de ces deux morceaux paraissant indiquer qu'ils sont l'ouvrage du même sculpteur, on a cru pouvoir les réunir et en former un ensemble. Des restaurations pareilles ont quelquefois été pratiquées dans les temps anciens, et ont encore lieu chaque jour dans les grandes collections formées en Europe, et où l'on a senti le besoin d'utiliser des restes précieux qui pouvaient, par leur rapprochement, acquérir un plus grand prix.

73. On n'a point retrouvé les têtes qui auraient complété les bustes sculptés dans ces trois médaillons, dont les proportions sont un peu moins fortes que celles des précédens.

74. *Sérapis* est, dit Millin, une Divinité obscure et difficile à expliquer dans la mythologie égyptienne. Suivant

---

1 Ηφαιστος.

saint Augustin [1], *Sérapis* aurait été un roi d'Argos qui
ayant passé en Égypte, y mourut [2], et qui fut adoré
ensuite sous le nom de *Sarapis*. Mais, suivant quelques
autres, on peut fixer au règne de Ptolémée Philadelphe
l'introduction du culte de ce Dieu en Égypte. Ce fut ce
Prince qui envoya chercher la statue de *Sérapis* à Sinope.
Ce monument sacré fut placé dans un faubourg d'Alexandrie nommé Rhacotis, et on lui éleva ensuite, sous
le titre de *Serapeum*, un magnifique temple. *Le Dieu*
dont Ptolémée fit ainsi recevoir le culte, n'était d'abord
connu que sous le nom de *Pluton*, et ce fut en Égypte
qu'il reçut celui de *Sérapis*. Le Dieu de l'*Amenthi*, ou
Enfer égyptien, était *Osiris*; *Pluton* ou *Sérapis*, prési-
dant au même lieu, fut confondu avec lui, et c'est
peut-être par cette raison que l'on doit expliquer la
facilité avec laquelle le nouveau culte pénétra dans
toutes les parties de l'Égypte, où on éleva quarante-deux
temples à *Sérapis*. Diodore [3] dit que, suivant les uns, il
ne différait point d'*Osiris*, de *Bacchus*, de *Pluton*; que
suivant d'autres il était *Jupiter*, *Pan*, *Ammon*, et que
sous le nom de *Sérapis* on reconnaissait en lui le *Pluton*
des Grecs. Martianus Capella annonce que *Sérapis* est le
même que le *Soleil*, puisque, dans son hymne à cet astre,
il lui dit qu'il était adoré sous le nom d'*Osiris* et de *Sé-*
rapis, sur les rives du Nil et à Memphis; que dans les
fêtes d'hiver on l'appelait *Mythras*, *Pluton*, le barbare
Typhon; qu'on le révérait sous le nom de bel *Atys*,
de l'*Enfant chéri de la charrue*, d'*Ammon* et d'*Adonis*.
L'empereur Julien consultant l'oracle d'*Apollon* pour
savoir en quoi ce Dieu différait des autres, reçut pour
réponse que *Jupiter*, *Sérapis* et *Pluton* étaient la même
Divinité. Pour mieux indiquer qu'il ne différait point
de *Pluton*, les anciens plaçaient près de lui le chien
des enfers, *Cerbère*. Suivant Porphyre [4], cet animal

---

[1] *De Civitate Dei*, lib. XVIII, c. 5.
[2] *Clément d'Alex.*, *Strom.* lib. I.
[3] *Diod. Sic.* lib. I, c. 55.
[4] *Euseb. Præpar. Evang.* lib. III, c. 11.

tricéphale qui accompagne *Sérapis* désigne les trois points de la route du soleil sur l'horison, le Levant, le Midi et le Couchant, et ce serait une nouvelle preuve que ce Dieu ne différait pas du *Soleil*. Il s'appuyait quelquefois sur un bâton autour duquel s'entortillait un serpent, ce qui le rapprochait d'*Esculape* : souvent il tenait une *haste pure*, comme *Jupiter*. Le rhéteur Aristides [1] assure que *Sérapis* était dépositaire de toutes les forces de la nature; qu'il exauçait tous les vœux que l'homme pouvait former; que tous les biens dont on jouissait sur la terre étaient des émanations de ce Dieu, qui réunissait à lui seul la puissance de tous les autres immortels; qu'il était à la fois le plus doux et le plus redoutable d'entr'eux; que les villes, et leurs places publiques, et les ports, tout était plein de monumens qui retraçaient le souvenir des prodiges opérés par ce Dieu bienfaisant. Son culte fut porté à Rome, et le Sénat permit de lui élever un temple hors des murs. Le peuple construisit cet édifice sacré près des murailles, mais dans l'intérieur de la ville : cette infraction dans l'exécution du décret irrita le Sénat qui fit détruire le temple. Dans la suite Publius Victor plaça dans le cirque de Flaminius un autel dédié à *Sérapis*, et bientôt un temple magnifique remplaça ce monument provisoire et prit le nom de *Serapeum*, comme celui d'Alexandrie. Quelques villes d'Italie imitèrent cet exemple, et de là le culte de *Sérapis* gagna de proche en proche jusque dans les Gaules. On y voit cependant peu de figures de ce Dieu, et celle qui a été découverte à Martres est la seule que nous ayons trouvée dans les lieux où nos recherches se sont étendues.

Ce bas-relief, en marbre blanc de *Luni*, est d'un assez bon travail; il a 1 mètre 84 centimètres de haut, sur 80 centimètres de large; la tête est couverte du *modius* ou boisseau, que nous avons déjà vu sur celle d'*Isis* [2]; il tient du côté gauche une corne d'abondance

---

1 *Orat. in Serapim.*
2 *Suprà.*

pleine de fruits, indication des bienfaits qu'il répand sur la terre. A ses pieds, du côté droit, est le chien tricéphale ou *Cerbère*.

Il manque à cette figure l'extrémité du bras droit dont la main devait tenir une *haste pure*, ou un bâton pareil à celui d'*Esculape*; le haut des jambes n'a pas été retrouvé. Les pieds sont antiques.

75. Les artistes ont souvent représenté les mythes d'*Hercule*. Les nombreuses aventures de ce héros devaient en effet fournir à la glyptique ou à la statuaire un grand nombre de sujets, mais presque toujours terribles. Les anciens aimaient à embellir leurs demeures de ces sortes de sujets, et il paraît que dans l'une des somptueuses habitations découvertes par nous dans les champs de Martres, on avait représenté tous les travaux du fils d'*Alcmène*. Nous n'avons encore pu rajuster qu'une partie des fragmens de ces bas-reliefs, qui ont été mutilés très-anciennement. Ils avaient environ 1 mètre 52 centimètres de haut sur 95 centimètres de large; un cadre environnait chacun d'eux.

En suivant l'ordre ordinaire dans lequel les mythologues placent les douze travaux d'*Hercule*, il aurait fallu mettre sous ce numéro *Alcide* triomphant du Lion de Némée; mais le bas-relief qui représentait cet exploit n'a pas été retrouvé, et c'est le combat contre l'Hydre de Lerne qui commence ici la série de ces bas-reliefs.

Ce monument a souffert beaucoup de mutilations. La cuisse gauche et la jambe du même côté ne subsistent plus; le bras droit qui était armé de la massue manque aussi. On connaît le mythe de l'*Hydre*. Ce monstre vivait dans un marais, près de Lernæ, en Argolide. Pausanias dit que Pisander, de Camirus, fut le premier qui la représenta avec plusieurs têtes : on a beaucoup varié dans l'indication du nombre de celles-ci, car les uns en comptent sept, quelques-uns neuf, et d'autres cent. L'*Hydre* était née de l'union d'*Echidna* et de *Typhon*. Elle était sur une colline, près de la fontaine Amymone, lorsque, accompagné de *Jolaüs*, *Hercule* l'attaqua. Les flèches ardentes qu'il lui lança d'abord ne produisirent d'autre effet que de l'obliger à sortir de son gîte. Hercule combattit contre elle, soit avec la *Harpa* ou épée ensiforme, suivant les uns, soit avec sa massue, selon quelques autres. Mais à peine avait-il abattu une des têtes du monstre que deux autres naissaient et se dressaient avec furie; l'*Hydre* enlaça même les jambes du héros. *Jolaüs* vint à son secours, et apportant des branches enflammées, il empêcha par l'action du feu la reproduction de ces têtes terribles. Dans ce bas-relief, l'*Hydre* entortille, soit de sa queue, soit du cou de l'une de ses têtes, la jambe droite d'*Hercule*, comme sur un des bas-reliefs de la *Villa Albani*. Le Demi-Dieu essaie de contenir avec sa main gauche les mouvemens du monstre, afin de le frapper avec plus d'assurance de la massue dont son bras droit est armé. Dans le haut du bas-relief, on voit *Jolaüs* qui dirige une torche vers l'*Hydre*, et qui embrase la partie déjà frappée par *Hercule*.

76. Un bas-relief représentant la biche aux cornes d'or et aux pieds d'airain, poursuivie par *Hercule*, et se réfugiant près de *Diane*, avait sans doute été mis près de celui qui vient d'être décrit; mais ce monument n'a pas été retrouvé, et l'on n'a même découvert que la partie inférieure du bas-relief suivant où l'on voyait *Hercule* apportant à *Eurysthée* le sanglier d'Erymanthe. Cet animal monstrueux désolait l'Arcadie; *Alcide* le prit et le soutenant sur ses épaules parut devant *Eurysthée*; celui-ci fut si effrayé qu'il se cacha dans un tonneau d'airain. L'artiste à qui nous devons le fragment de bas-relief placé sous ce numéro, a montré *Eurysthée* à moitié renfermé dans la cuve d'airain; il n'y a aucune proportion entre cette figure et celle d'*Hercule*; mais on a supposé qu'*Eurysthée* était sur un plan très-reculé: d'ailleurs, sur les monumens antiques, on voit souvent la principale figure ayant une taille beaucoup plus élevée que celle des personnages secondaires. Les médailles de Géta, frappées à Périnthe, dans la

Thrace, celles de Probus, et des médaillons de Gordien, ont leurs revers ornés d'une composition où *Hercule* est représenté, portant le sanglier d'Erymanthe sur ses épaules, et *Eurysthée* qui s'est réfugié dans un tonneau.

Pour sixième travail, *Eurysthée* avait ordonné à *Hercule* de nettoyer les étables d'*Augias*. On n'a pas retrouvé à Martres le bas-relief qui, sans doute, représentait ce sujet. Mais celui qui venait immédiatement après et qui offrait la chasse des oiseaux du Stymphale, a été conservé en partie.

76 bis. Des oiseaux de proie, nommés *Stymphalides*, du Lac *Stymphalus*, en Arcadie, près duquel ils habitaient, dévoraient les hommes et les animaux; ils avaient la taille des grues; leurs plumes étaient d'airain et ils pouvaient les lancer comme des flèches. Apollodore [1] dit qu'*Alcide* les chassa avec un instrument bruyant qui lui fut donné par *Minerve*. Pausanias assure que ce héros les tua à coup de flèches. C'est cette dernière tradition qui a été suivie par l'auteur de ce bas-relief : *Hercule* est debout; il est vêtu de la peau de lion, dont les pattes se croisent sur sa large poitrine; la même dépouille couvre sa tête; un carquois est sur son dos; il tenait son arc. On voit un des oiseaux percé par une flèche et tombant; un autre paraît un peu plus bas. On n'a pas retrouvé le pied droit, la jambe et la cuisse gauche d'*Alcide*.

77. Un taureau furieux qui, selon quelques-uns, était le même sur lequel *Europe* passa de la Phénicie dans la Crète, ou qui, suivant d'autres, n'était pas différent de l'animal que *Neptune* fit sortir de la mer lorsque *Minos* promit de sacrifier à ce Dieu la première chose

---

[1] *Argonaut.* lib. II.

 Sed neque ut Arcadiam petiit vis Herculis arcu
 Pleïadas inde Lacu Volucres Stymphalidas ullâ
 Pellere vi potuit: namque hoc ego lumine vidi,
 At idem ut manibus Crotalum pulsavit in altâ
 Existens speculâ prospectans, protinus illæ
 Cum clamore procul linquentes littus ierant.

qu'il rencontrerait , répandait au loin le ravage et l'ef-
froi. *Eurysthée* ordonna à *Hercule* de le lui apporter ,
et le héros accomplit ce septième travail. On peut douter que le fragment placé ici ait pu faire partie d'un
monument qui aurait représenté cet exploit. On voit
en effet une lutte , un combat entre un homme et un
taureau , et le premier saisissant avec force une des cornes de l'animal. On pourrait croire plutôt que l'artiste
avait montré seulement *Alcide* combattant *Achéloüs*.
Epris des charmes de *Déjanire* , fille d'*OEnée* , roi de Ca-
lydon , *Achéloüs* comptait *Hercule* au nombre de ses
rivaux. Ils combattirent , et *Achéloüs* , d'abord vaincu
sous la forme humaine , prit celle d'un immense serpent
ou d'un dragon , et enfin se transforma en taureau.
Hercule le saisit alors par les cornes , en arracha une ,
et le força de lui abandonner *Déjanire* et d'aller se
cacher dans le fleuve Thoas qui reçut le nom d'*Achéloüs.* Ce mythe a beaucoup de rapport à ce que paraît
indiquer le fragment placé sous ce numéro.

78. Ce cheval vu à moitié , ainsi que la tête placée sous
le même numéro , a pu faire partie d'un bas-relief
où l'on aurait représenté *Hercule* accomplissant le huitième travail , ou amenant à *Eurysthée* les chevaux de
Diomède. Ces fragmens proviennent peut-être aussi
d'un bas-relief dans lequel on voyait le combat d'*Hercule* contre les Amazones. Alors ils pourraient se rattacher au morceau suivant.

79. Le mythe des Amazones a été diversement raconté.
Apollodore dit qu'*Hippolyte* , fille de *Mars* et d'*Otréra* ,
reine des Amazones , portait la ceinture de *Mars*. La
fille d'*Eurysthée* voulut l'avoir , et *Hercule* reçut l'ordre
de s'en emparer. Il descendit à Thémiscyra avec *Thésée*
et quelques autres guerriers. *Hippolyte* lui promit cet
objet précieux; mais *Junon* , sous les traits d'une Amazone , excita les autres à s'opposer au Héros qui voulait ,
disait-elle , enlever la Reine. *Hercule* voyant accourir
de toute part ces femmes guerrières , se crut trahi : il
attaqua *Hippolyte* , il la tua , mit les Amazones en fuite ,

et porta la ceinture à *Eurysthée*. Quelques auteurs racontent que *Ménalippe* était reine des Amazones, et qu'*Hippolyte*, l'une d'entr'elles, refusa de donner la ceinture que demandait la fille d'*Eurysthée*. Un combat eut lieu ; les plus vaillantes Amazones furent tuées, et *Ménalippe* ne recouvra sa liberté qu'en livrant la ceinture d'*Hippolyte*, qui devint l'esclave de *Thésée*.

Ce fragment représente une Amazone à cheval et fuyant ; la partie supérieure manque. On a placé sous le n.º 80 un autre fragment qui représente la *pelta*, sorte de bouclier que l'on donne aux Amazones.

81. Geryon, fils de Chrysaor et de Calliroé, était roi d'Espagne, ou des Baléares, ou de l'île d'Erythea, qui, selon quelques-uns, serait l'île de Gadir ou de Gadès. Il avait des troupeaux de bœufs de couleur de pourpre : *Eurysthée* chargea *Hercule* de les enlever. Le géant *Eurythion* en était le gardien, et avait avec lui un chien à deux têtes, nommé *Orthrus*, né de *Typhon* et d'*Echidna*. *Hercule* tua d'abord l'un et l'autre. Alors *Geryon* s'avança pour le combattre sur les bords du fleuve Anthémus. La fable donne à ce Roi trois têtes, trois corps, six bras et six jambes : *Junon* le protégeait : il fut cependant vaincu et tué par *Alcide* qui amena ses bœufs à *Eurysthée*.

Les artistes ne pouvaient guères dessiner avec succès ce géant ayant trois corps et ce grand nombre de bras et de jambes : ils ont le plus souvent présenté de profil un groupe de trois guerriers attaquant *Alcide* ; mais l'auteur du bas-relief que nous représentons a seulement donné trois têtes à *Geryon*. Il est cuirassé ; sa main droite tenait une épée : son bras gauche soulevait un bouclier. La coiffure de chaque tête ressemble au *Corno* phrygien, seulement à celle du milieu ce bonnet est attaché sous le menton. Ici *Geryon* est terrassé par *Hercule*. Cette figure est presqu'entière. On n'a conservé que la partie supérieure de celle du héros.

Ce bas-relief a été découvert à Martres, sous nos

yeux, le 21 septembre 1826. Sa hauteur est, comme
pour les précédens, de 1 mètre 52 centimètres sur environ 95 centimètres de largeur.

82. Le onzième travail imposé à *Hercule* était l'enlève-
ment des pommes d'or des *Hespérides*. On sait que
sous le nom d'*Hespérides* on désigne des Nymphes,
filles d'*Hespérus*, frère d'*Atlas*, selon quelques-uns;
d'*Atlas* et d'*Hespéris* suivant d'autres; de l'*Érèbe* et
de la *Nuit*, ou de *Phorcys* et de *Céto*, d'après le Scho-
liaste d'Apollodore et Hygin. Elles habitaient des
jardins célèbres dans l'antiquité, et où croissaient des
pommes d'or qui étaient consacrées à *Vénus*. *Eurysthée*
voulut avoir ces fruits, et *Hercule* en fit la conquête.
Dans des mythes bien différens, les anciens racontent
les circonstances de cette entreprise. Vainqueur du
dragon à cent têtes qui gardait les pommes d'or [1],
Alcide apporta ces fruits merveilleux à *Eurysthée*.

L'avant-bras gauche placé sous ce numéro a dû faire
partie d'un monument qui représentait *Hercule* rap-
portant les pommes d'or qu'il tenait dans sa main. Ce
bas-relief était peut-être plus grand que ceux que nous
avons décrits, et qui représentent les autres travaux
d'*Alcide*. Les proportions paraissent avoir été semblables à celles du bas-relief où l'on voit *Sérapis*. Le
bras droit, placé sous le même numéro, a peut-être
fait partie du même bas-relief.

83. *Hercule* fut initié aux petits mystères sur les bords
de l'Ilissus, et, suivant Aristides [2], cette sorte d'initiation fut instituée en faveur d'*Hercule*, que sa qualité
d'étranger excluait de la grande initiation pratiquée à
Eleusis. Dans ces mystères, le *Calathus*, la *Ciste sacrée*
et le *Van*, objets formés en osier, qui renfermaient des
objets sacrés, et d'où s'échappait quelquefois un ser-

---

[1] Il était né de *Typhon* et d'*Echydna* ou de la *Terre*, et fut nommé
Ladon.

[2] *Orat. in Hercul. id. in Leuctric.*

pent, étaient montrés aux regards de ceux que l'on admettait à l'initiation.

Dans le bas-relief dont on voit un fragment sous ce numéro, *Hercule* appuie le pied droit sur une *Ciste* ou sur un *Calathus*, et l'on a pu croire que l'on a voulu représenter ainsi ce Demi-Dieu admis à la connaissance des mystères de l'initiation. D'autres fragmens du même bas-relief ont été retrouvés, et se rajustent avec celui-ci, mais seulement par quelques points, et l'on n'a pas encore tenté la restauration de ce morceau. La tête placée sous le n.° 86 appartient à ce monument.

84. Cette tête qui a fait partie d'un bas-relief représentant l'un des mythes d'*Hercule*, représente ce héros encore dans l'adolescence. Ce morceau provient, comme les précédens, des champs de Martres.

85. Cette autre tête, couverte de la dépouille du lion de Némée, a, de même, appartenu à un des bas-reliefs qui représentaient les exploits d'*Hercule*.

86. Tête barbue d'*Hercule*, qui a fait partie du bas-relief placé sous le n.° 83.

87. On ne peut déterminer à quelle aventure d'*Alcide* a rapport ce fragment, qui n'offre qu'une main vigoureuse, saisissant une tête barbue, coiffée comme celles de *Geryon*. L'artiste a-t-il voulu offrir le héros terrassant *Erginus*, ou *Mygdo*, ou *Halcyonéus*, ou *Eurytlius*, ou *Sarpedon*, ou *Busiris*, ou *Alebio*, ou *Dercynus*, ou *Croto*, ou *Cacus*, ou *Cycnus*, ou *Euryte*, ou *Tauriscus*, tyran qui régnait dans les Gaules? Le nombre des exploits du Demi-Dieu, fils d'*Alcmène*, est si grand, que, ne trouvant ici aucun symbole, aucune indication particulière, on ne peut même tenter de donner une explication de ce fragment.

88. Découvert près des débris des divers bas-reliefs que l'on vient d'examiner, ce morceau, où l'on remarque le même système de travail, a pu faire partie d'un monument qui représentait *Hercule* combattant les *Centaures*.

89. Les fragmens placés sous ce numéro ont fait partie des bas-reliefs qui représentaient les mythes d'*Hercule*.

90. Cette tête, en bas-relief et d'un très-bon style, a fait partie d'un monument d'une assez forte dimension. Le travail n'a point d'analogie avec celui de la plus grande partie de ceux qui offrent les mythes d'*Alcide*, et il ressemble beaucoup à celui du bas-relief de *Sérapis*. La forme de la barbe, et les bandelettes qui pressent les cheveux, donnent à cette tête beaucoup de ressemblance à celle de *Jupiter*.

91. Ce bas-relief représente deux Faunes, de sexe différent et assis. L'état de mutilation de ce petit monument excite des regrets. On peut croire qu'il en existait un autre où l'on voyait aussi des Faunes, car on a trouvé dans les fouilles quelques débris qui l'indiquent.

92. Bas-relief en marbre blanc, d'un travail très-médiocre, représentant le *Sommeil*, ou le Dieu *Somnus* [1]. Ce monument a été découvert près d'Avignonet, petite ville du département de la Haute-Garonne.

93. Fragment d'un bas-relief représentant *Minerve*. Il est probable qu'il faisait partie de l'un des monumens où l'on avait retracé les aventures d'*Hercule*. Nous savons en effet que ce héros, forcé de combattre contre *Pluton*, fut aidé par *Minerve* [2], et c'est peut-être ce trait que l'artiste avait offert dans l'un de ces bas-reliefs. Il aurait pu aussi retracer *Minerve* donnant à *Alcide* l'instrument de cuivre avec lequel il effraya les oiseaux du Lac Stymphale, ou tuant le Cancre qui voulait secourir l'*Hydre* de Lerne.

94. On a cru reconnaître dans ce groupe, dont la partie inférieure n'a pas été retrouvée, la lutte d'*Hercule* et d'*Anthée*, à l'instant où le héros soulève son redoutable adversaire. Selon des notes déposées dans les

1 *Monumens religieux*, 522. pl. VI, n.º 26.
2 Pausan. in Eliac.

archives de l'Académie de cette ville, on aurait découvert ce monument à Marquefave, village du département de la Haute-Garonne [1]. Néanmoins son antiquité
nous paraît encore douteuse.

95. *Hésione* fut exposée sur un rocher au monstre marin
nommé *Céto*, envoyé par *Neptune* irrité contre Laomédon, père d'*Hésione*, qui n'avait point récompensé
le Dieu du service qu'il lui avait rendu en bâtissant les
murs de Troie. *Hercule* délivra la princesse et tua le
monstre. Quelques monumens antiques représentent ce
mythe, et l'on a cru que le fragment placé sous ce
numéro, rappelait aussi cette aventure. Mais il ne reste
plus qu'un pied et une cuisse du héros, la tête du monstre
marin, et une petite figure de femme, remarquable par
la grâce de la composition. On n'a point la tête de ce
précieux objet, et les conjectures que l'on peut former
sur le tout, seront sans doute toujours vagues et obs-
cures. On aurait pu reconnaître ici *Persée* délivrant
Andromède : les formes élégantes et juvéniles du pied
se prêteraient assez à cette interprétation; mais *Persée*
porte le plus souvent les *talonnières* que *Mercure* lui
avait prêtées. Peut-être on voyait ici *Hercule*, *Hésione*
et *Télamon*, ami d'*Alcide*, qui quelquefois délivre la
fille de Laomédon.

96. Ce fragment de bas-relief en marbre blanc provient
d'un temple, dont les ruines furent découvertes dans
la Garonne, pendant le 17.me siècle, entre le pont de
Toulouse et le moulin du Bazacle. Ce morceau représente deux femmes : l'une d'elles est armée d'une épée;
une autre traîne par les cheveux un homme vaincu et
terrassé. La partie inférieure de cette portion du bas-
relief existe encore dans la maison du peintre Rivalz. Le
style du dessin est élégant et correct, et l'exécution
annonce un vrai talent.

97. Ce bout de frise a été trouvé dans les murs de la cha-

---

[1] *Monumens religieux.*

pelle de Saint-Jacques et de Sainte-Anne, qui existait
dans le cloître de l'église métropolitaine de Toulouse,
et qui a été démolie en 1812. Ce morceau est en marbre blanc, et d'un très-bon travail. La colonne en
marbre noir antique, qui est placée au centre du jardin, fut trouvée au milieu de l'un des piliers de la
chapelle, posée sur sa base, et couronnée par son chapiteau qui est à feuilles d'olivier. Une autre colonne
fut trouvée dans le même lieu, mais n'a pas été conservée. Un assez grand nombre de tronçons de même
diamètre, et provenant de cette église, en ont, à diverses époques, été retirés.

98. Ce chapiteau corinthien, vient de l'édifice antique qui
existait à la même place où l'on voit aujourd'hui l'église
de la Daurade; il est placé sur des fragmens de colonnes trouvés dans la chapelle de Sainte-Anne.

99. Ces petites colonnes, à cannelures torses, proviennent
aussi de l'ancien édifice qui existait sur le sol de la
Daurade.

100. Cette tête représentait peut-être un *Silène*. Elle est
en bas-relief et a été trouvée à Martres.

101. Masque tragique venant du même lieu.

102. Masque comique trouvé aussi à Martres.
   On peut présumer que ces deux morceaux ont fait
partie d'un bas-relief qui représentait les Muses.

MONUMENS HISTORIQUES.

INSCRIPTIONS.

103. CETTE pierre a été trouvée à Rome, au pied du mont *Cœlius*, dans la partie qui regarde le mont Palatin. La partie supérieure a été très-anciennement mutilée ; le reste était d'une belle conservation lorsqu'elle fut portée à Toulouse, et donnée à l'Académie des Sciences de cette ville par M. l'abbé Capmartin de Chaupy. Transportée dans le Musée en 1795, elle fut brisée, et plusieurs fragmens n'ont pas été conservés ; nous avons cependant pu la rétablir d'après deux copies exactes faites par MM. Capmartin de Chaupy, et de Montégut. Ce monument contenait sept lignes. Il ne reste de la première que deux lettres entières ı. v et une partie de la lettre c. Il ne paraît pas possible de déterminer la vraie signification de ces trois lettres, placées à des distances inégales. Peut-être cette ligne offrait-elle les noms des Consuls sous l'administration desquels le monument fut érigé.

La seconde ligne exprime le titre des magistrats sous l'inspection desquels l'ouvrage a été fait.

La troisième énonce la loi en vertu de laquelle ils avaient été nommés.

Les quatrième, cinquième et sixième lignes contiennent les noms de ces officiers.

La dernière marque le prix que cet ouvrage a coûté. Je pense que l'on peut, en négligeant la première ligne, lire ainsi cette inscription :

CVRATORIBVS VIARVM

E LEGE VISELLIA DE CONLEGIO SENATORVM

CNEIO CORNELIO QVINTO MARCIO PVBLIO HOSTILIO

CAIO ANTONIO GALERIO FVNDANIO CAIO POPILIO

MARCO VALERIO CAIO ANTISTIO QVINTO CAECILIO

OPVS CONSTAT N ∞∧⋒LXXII

Il paraît par la forme de cette pierre, dont les côtés sont grossièrement taillés, et dont le derrière est brut, qu'elle était encastrée dans un mur. Ce mur faisait sans doute face sur la rue que l'on avait fait réparer, et celle-ci, selon le plan de l'ancienne Rome dessiné par Ligorius, d'après les historiens, les monumens et les ruines encore existantes [1], conduisait à l'espace qui se trouve entre le mont *Cœlius* et le mont *Palatin*, et qui aboutit du *Septizonium* à l'arc de triomphe de *Constantin*.

L'inscription, à en juger par l'égalité et la forme des caractères, paraît être du haut empire. M. Capmartin de Chaupy, correspondant de l'Académie de Toulouse, en fixait l'époque au règne de Tibère. M. de Montégut, dans une note sur ce monument, adopta l'opinion de M. Capmartin.

L'histoire [2] nous apprend que sous ce prince, l'an 775 de Rome, et le 22.e de l'ère chrétienne, *Lucius Visellius Varo*, et *Sextus Cornelius Céthegus*, étant consuls, on promulgua une loi appelée *Visellia*, du nom de *Visellius* son auteur. On ne dit point quelles en étaient les dispositions. Notre inscription semble annoncer que cette loi avait pour objet l'entretien et la réparation des rues de Rome ; qu'elle avait fixé à neuf le nombre des magistrats qui en étaient chargés, et qu'ils étaient pris dans l'ordre des sénateurs : *Curatoribus viarum è lege Visellia de conlegio senatorum.* Sous les premiers empereurs, le mot *collegium* s'écrivait quelquefois *conlegium*. On lit sur un monument de Néron : *Sacerdos cooptatus in omne conlegium suprà numerum.*

Le soin des rues et des grands chemins fut confié aux censeurs [3] : les édiles exercèrent ensuite cette partie de l'administration publique. La ville ayant successivement augmenté, il fallut nommer des magis-

---

[1] *Antiquités Romaines expliquées dans les Mémoires du comte de B.*, 222.

[2] *Tillemont*, tom. 1, 93 et suiv. *Crevier*, tom. 1, 56.

[3] *Roma illustrata.* — *Trésor des Antiquités Romaines*, 795.

trata uniquement destinés à veiller à son entretien et
à son embellissement [1]. On en créa même pour chaque
grande route en particulier ; ils sont désignés sous le
titre de *Curator viæ Appiæ*, *viæ Flaminiæ*, etc.

Le nombre des magistrats connus sous le nom de
Curatores viarum ne fut pas d'abord limité. L'étendue
et la durée de leur commission dépendait des circonstances. Le sénat les réduisit au nombre de 4. On lit
dans Suétone [2] et dans Tacite [3] qu'Auguste en fit des
officiers perpétuels, auxquels il attribua les plus grandes
marques de distinction, notamment le droit de faire
graver leurs noms sur les monumens publics. C'est
aussi ce que nous apprend Petiscus [4]. *Vocabatur qui
Romæ sternendis reparandisque viis erat præfectus ; cùm
enim ædiles qui ad hoc censoribus erant creati, aliis
negotiis occupati, huic muneri sufficere non possent, ex
S. C. quatuor viri fuere creati, leg. 2, Cod. de Origine
juris... Augustus hunc magistratum ordinarium facit
ipsorum nomina lapidibus incisa præfigebantur.*

Ursatus [5] rapporte que les Quartumvirs, rendus
perpétuels par Auguste sous le nom de *Curatores
viarum*, ne pouvant suffire à l'entretien des rues de
Rome, leur nombre fut augmenté.

Rosinus [6] raconte de la même manière l'origine de ces
magistrats, dont il est fait, dit-il, très-peu mention dans
les anciens historiens. Il cite le jurisconsulte Pomponius
Flaccus Florentinus, et Barnabé Brisson. Il ajoute,
d'après ces auteurs, que l'on créa cinq autres commis-
saires pour servir d'adjoints aux Quartumvirs ; il dit
qu'on les distingua par le titre de *Quinque viri cils et
uls Tiberim*, c'est-à-dire, *Citrà et ultrà Tiberim*. Par
cet ordre, le nombre des *Curatores viarum intrà urbem*
se trouva fixé à neuf. On retrouve ce même nombre

---

1 Vid. *Petiscus*, *Rosinus*, *les Lois du Code*, etc.
2 *In August.*, c. 27.
3 *Annal.*, lib. 3. Voyez aussi *Juste Lipse*.
4 *Lexicon Antiquitatum Romanorum*, Verb. *Curatores viarum*.
5 *De Notis Romanorum.*
6 *Antiq. Rom.*, lib. 7, cap. 19.

dans l'inscription qui nous occupe en cet instant. Les historiens n'ont point donné l'époque de cette nouvelle création ; elle est postérieure au règne d'Auguste, qui avait seulement rendu la magistrature des Quartumvirs perpétuelle. C'est sans doute à la loi *Visellia*, faite sous Tibère, son successeur, que nous devons la rapporter.

Rosinus fait mention d'une loi *Visellia* qui fut publiée sous le règne de Claude, et sous le consulat de *Visellius Varro* et de *Fonteius*. Elle est énoncée dans le titre 21 du livre 9 du Code, qui a pour titre : *Ad legem Viselliam*. D'après cette loi, l'Empereur prononce certaines peines contre les affranchis qui, cachant la vérité, se faisaient nommer aux charges publiques avant d'avoir acquis le droit de porter l'anneau d'or. Le commentateur observe que cette loi a été tantôt appelée *Visœllia*, tantôt *Misœlla* ou *Miscellia* ; il est évident, d'après la date qu'on lui donne, et les dispositions qu'elle renferme, qu'elle est différente de celle énoncée dans l'inscription.

Suétone nous apprend que vers la fin de la douzième année du règne de Tibère, il y eut un incendie considérable à Rome au quartier du mont *Cœlius*, et que ce prince avare ne donna que mille sesterces pour réparer le dommage causé par les flammes.

Tacite rapporte la même anecdote.

En rapprochant le fait historique de la circonstance prise du lieu où le monument qui nous occupe a été trouvé, c'est-à-dire au pied du mont *Cœlius*, du nombre des neuf *Curatores viarum* qui avant Tibère était fixé à quatre, et des noms de ces magistrats, tous de familles consulaires, on peut raisonnablement présumer que ce monument a été érigé dans la douzième année du règne de Tibère, l'an 778 de la fondation de Rome, et qu'il fut destiné à consacrer la mémoire des réparations faites au quartier du mont *Cœlius* par les soins des magistrats établis en vertu de la loi *Visellia*. Cette inscription est d'autant plus intéressante, qu'elle nous apprend plusieurs choses que l'histoire nous avait laissé ignorer ; savoir, qu'il existait une loi *Visellia* dif-

(53)

férente de celle énoncée dans le Code, et qui avait été faite pour augmenter le nombre des magistrats préposés à l'entretien des rues sous le nom de *Curatores viarum*; que ces officiers étaient au nombre de neuf, qu'ils étaient pris dans le collége des sénateurs, qu'ils avaient le droit de faire graver leurs noms sur les monumens qu'ils élevaient; enfin, qu'ils instruisaient le peuple de la somme qui avait été employée à l'entretien et à la réparation des rues.

On voit encore que l'inscription a été placée pour conserver la mémoire d'une réparation faite d'autorité des magistrats à une rue du mont *Cœlius*, puisque c'est en ce lieu qu'elle a été découverte.

Elle offre une singularité frappante dans la forme des caractères qui expriment la somme employée à cet ouvrage, et dont plusieurs avaient jusqu'à présent échappé à nos recherches. Il paraît d'abord assez difficile de les expliquer, et je n'offrirai à ce sujet que de simples conjectures.

Eisenschmit, dans une savante dissertation sur la valeur des monnaies romaines, rapporte ce qu'ont écrit sur ce sujet Budée, Agricola, Hotoman, Scaliger, Saumaise, Gronovius, etc. Ils s'accordent à dire que pour les sommes peu considérables, les nombres tracés sur les monumens publics exprimaient la quantité des sesterces d'argent. *Summas minores numerabant per sestertios, scilicet nummos, quorum singuli duos asses et semis æris gravis valebant.* [1] Eisenschmit ajoute qu'on y trouve d'ordinaire la note du sesterce à laquelle est jointe la lettre N. qui désigne *nummúm.* Les mots *denarius, quinarius, sestertius*, ne sont que des adjectifs du mot *nummúm*, qui est toujours sous-entendu.

Suivant le Dictionnaire encyclopédique, *nummus* était chez les Romains le nom d'une pièce de monnaie, autrement nommée *sestertius;* on l'appelait aussi quelquefois *nummus sestertius*, et *decem millia nummorum* et *decem millia sestertium*, signifiaient la même somme.

---

1 Ch. 4, sect. 4, pag. 123.

On trouve dans Gruter un grand nombre d'inscriptions où la lettre N. précède le signe du sesterce qui est formé des lettres H et S réunies par un trait ; ce qui signifie *nummorum sestertiorum*. Dans l'inscription rapportée ici, le premier caractère est une N , le second une note composée de deux lignes perpendiculaires inégales , séparées par un crochet ⋈. Cette note inconnue doit sans doute signifier le sesterce , puisqu'elle n'est point du nombre des notes numérales , et qu'elle suit immédiatement la lettre N qui désigne le mot *nummorum :* ces deux caractères peuvent donc être interprétés *nummorum sestertiorum*. Le troisième caractère est composé de trois lignes réunies à leur extrémité supérieure. Les deux lignes latérales ont chacune une branche à leur extrémité inférieure , ce qui forme cinq lignes réunies ⋏. Ce signe est différent de ceux qui se trouvent dans les tables que nous avons des notes numérales des Romains. Le P. Frœlich , qui en a donné une très-exacte , rapporte un signe approchant , c'est-à-dire , de cinq lignes réunies par le haut ⋏ et qui expriment le nombre dix mille. On retrouve le même caractère dans les tables d'Eisenschmit , et dans les inscriptions publiées par Gruter.

Le quatrième caractère a la forme d'une M gothique ⋔. Ce signe se trouve assez ressemblant à celui rapporté par le P. Frœlich pour désigner le nombre mille ∾ .

Les cinquième et sixième caractères sont une L et une X , ils expriment le nombre soixante.

Les septième, huitième et neuvième, plus petits que les précédens, sont un X et deux I exprimant le nombre douze.

Ces caractères réunis paraissent former la somme de onze mille soixante douze *nummus* ou sesterces.

L'intérêt qu'inspire cette inscription, jusqu'à présent inédite , nous a forcés de dépasser les bornes ordinaires, afin d'en présenter une explication. Nous en avons envoyé depuis long-temps des copies à l'Académie des Belles-Lettres.

104. Fragment d'une inscription qui, suivant M. de Montégut [1], fut dédiée à la mémoire de Salonin I, par son frère.

105. Inscription trouvée à Valcabrère, sur le sol de *Lugdunum Convenarum;* elle est relative à un impôt perçu autrefois à l'entrée de cette ville.

106. Cette colonne milliaire, placée dans le jardin, fut érigée peu de temps après la mort de Constance-Chlore, Constantin le Grand, son fils, n'ayant encore que le titre de *très-noble César (Nobilissimo Cæsari).* On doit fixer l'époque où ce monument fut élevé vers la fin de l'année 306, ou au commencement de l'an 307 de notre ère.

107. Autre colonne milliaire. Elle est consacrée à Flavius Constantinus, Prince des Gaules, fils de Constantin le Grand et de Fausta. Les deux inscriptions dont ce monument est chargé, et dont on a donné ailleurs [2] l'explication, annoncent que les habitans des Gaules jouissaient d'une heureuse liberté sous la protection de ce prince; qu'il rétablit le commerce, et que son avénement aux dignités, auxquelles il avait été élevé par son père, fut le gage assuré de la paix et de la félicité publique.

BAS-RELIEFS
ET DÉBRIS D'ORNEMENS ARCHITECTURAUX.

108. Scaliger qui, le premier, a recherché les antiquités de la Novempopulanie et de la Province romaine, avait annoncé que les plus grands restes d'antiquités subsistaient à *Lugdunum Convenarum,* dans le lieu nommé Valcabrère. M. Lancelot, membre de l'Académie des Inscriptions, examina ces restes, mais il se contenta de copier quelques inscriptions : dans leur *Voyage*

---

[1] *Mémoires de l'Académie de Toulouse,* II, 30-54.
[2] *Monumens religieux,* 67-69.

littéraire, les Bénédictins ont aussi rapporté les inscriptions antiques qui existaient dans ce village, mais les ruines, les objets de sculpture ne les occupèrent pas. Envoyé, en 1802, par l'autorité administrative, à Saint-Bertrand de Comminges, je reconnus, malgré mon extrême jeunesse, l'importance des objets qui s'offraient à mes regards, et je dessinai entr'autres les cinq fragmens placés sous ce n.º, et qui, plus tard, réunis dans le Musée, forment un ensemble complet. Ils étaient mis sans ordre et comme simples matériaux dans les murs de l'Eglise de Saint-Just. Ils ont dû faire partie d'un arc de triomphe, ou décorer l'une des portes de *Lugdunum* des *Convenæ*. Au centre paraît un captif attaché à un trophée. Il porte cette sorte de vêtement qui était particulier aux habitans de la Gaule, nommée à cause de cela *Braccata*, et que les artistes romains ont souvent donné à toutes les nations étrangères qu'ils nommaient *barbares*. De longs cheveux caractérisent encore ce captif. Il se détourne pour regarder une femme qui tient un enfant sur ses genoux. La tête de celui-ci ne subsiste plus. Des armes romaines telles que des cuirasses, des casques, des boucliers, les uns en forme de *Peltes*, les autres circulaires, et ayant au centre la tête de Méduse, remplissent tout le reste de la frise, et sont sculptés avec beaucoup de goût. Nous avons consigné, dans un ouvrage particulier [1], nos conjectures sur l'époque où le monument qui était décoré de ces bas-reliefs fut élevé à *Lugdunum*.

109. Frise trouvée aussi à *Lugdunum Convenarum*; elle était divisée en trois morceaux, et placée sans ordre dans les murs de l'église de Saint-Just.

110. L'édifice principal dont on a retrouvé les ruines près de Martres, et qui fut, ou une *Villa* destinée à recevoir les plus grands personnages de l'empire, ou bien la *Basilique* du municipe de *Calagurris* des *Convenæ*, où un *Prætorium*, était décoré avec une grande magnificence.

---

[1] L'*Archæologie pyrénéenne*.

On en jugera par les beaux montans ou jambages de portes recueillis dans ses ruines , et que l'on a placés sous ce
n.º. Le dessin en est élégant et de bon goût, le travail
large et facile. Il a fallu en mouler une partie pour
compléter les deux morceaux qui forment l'encadre-
ment de la petite porte du Musée. L'un des chapiteaux
est antique; l'autre a été presqu'entièrement moulé sur
le premier. Ces jambages ont 63 centimèt. de largeur.

111. Autre beau fragment de jambage ou de montant. Le
cadre n'en est point décoré comme dans les précédens.
Ce marbre provient aussi de Martres.

112. Petit jambage , ou montant, venant du même lieu.

113. Extrémité d'un autre montant. Il avait près d'un
mètre de largeur.

114. Cet autre fragment de montant ou de jambage a
été trouvé à Toulouse. Le bon goût de dessin et la
parfaite exécution de ce morceau , qui , ainsi que les
précédens, est en marbre blanc, doivent en faire regretter les parties qui ont été perdues.

115. Têtes terminées en palmètes , et qui ont servi à des
décorations architecturales. L'une d'entr'elles a été donnée au Musée par M. de Sentis.

116. Chapiteau corinthien, d'un temps assez bas, trouvé
à Martres avec quelques bases et fûts de colonnes.

117. Corniche provenant du village de Valcabrère, ou
de *Lugdunum Convenarum*.

BUSTES.

Le savant Visconti a recherché , dans le beau discours
qui précède son *Iconographie grecque* , tout ce qui était
relatif à l'antiquité des portraits. L'art du dessin a dû sa
naissance, selon cet archæologue, au désir naturel de
conserver les traits des personnes qui ont été un objet
d'estime ou d'affection. Ce ne fut d'abord qu'un con-

tour extérieur indiqué par l'ombre ; telle a été la première ébauche de la délinéation et de la plastique. La
ronde bosse imaginée ensuite fixa les traits d'une manière plus heureuse. Les Grecs, dit Millin [1], faisaient
remonter l'art du portrait jusqu'aux temps héroïques.
Selon eux, Dédale avait exécuté la statue d'Hercule
encore vivant. Les temples des Dieux devinrent bientôt
les dépositaires des portraits des hommes illustres, et
ils y étaient conservés lors même que le personnage
représenté devenait un ennemi de la patrie. On a retrouvé, de nos jours, en Egypte, les statues d'une
foule de ses rois, dont l'histoire avait à peine conservé
les noms. Lorsque les Romains eurent réuni sous leur
empire toutes les contrées entre l'Euphrate et les colonnes d'Hercule, ceux qui ne pouvaient obtenir de
faire mettre leur image dans le Forum ou dans le Capitole, cherchaient à se faire décerner cet honneur par
quelque ville de province, et souvent ils en payaient
eux-mêmes les frais. Quelques riches Romains se faisaient élever des statues dans les cours de leurs maisons
par leurs clients. Les magistrats obtenaient ces distinc-
tions dans les villes qu'ils administraient. Les portraits
des particuliers décoraient leurs monumens funéraires,
et on y mettait sur-tout des *bustes* ; Visconti [2] a très-bien
établi que ce mot dérive de *bustum*, qui, dans la basse
latinité, signifiait un tombeau. On sait que les familles
romaines distinguées conservaient des images en cire
de leurs aïeux, qu'on les faisait paraître dans les cérémonies funèbres, et que cet usage devint un droit des
familles qui avaient exercé les premières magistratures
de la république.

Dans la suite, les statues et les bustes des Empereurs
et des membres de leurs familles se multiplièrent sur
toute la surface de l'empire : on en décorait le principal
édifice, le *Capitole* de chaque colonie, la *Basilique* de
chaque municipe ; et il a été conservé un assez grand

---

[1] *Magasin encyclopédique.*
[2] *Museo Pio-Clement. VI. Pref. X.*

nombre d'images de ces princes dans des lieux très-reculés, parce que la proscription qui frappa quelquefois leurs images à Rome ne s'étendit point, ou ne fut pas adoptée dans des villes éloignées de la capitale de l'empire. Les palais des gouverneurs ou des Préfets des provinces renfermèrent aussi les statues et les bustes des souverains, et on dut les placer aussi en grand nombre dans les demeures occupées par ces Empereurs, qui, dans les derniers temps de la puissance romaine en Occident, habitèrent dans les Gaules.

L'édifice dans les ruines duquel nous avons retrouvé les images historiques qui vont être décrites, fut peut-être ou la Basilique du municipe de *Calagurris* des *Convenœ*, ou l'un de ces palais dont nous venons de parler. Nous savions qu'on y avait trouvé autrefois deux belles têtes représentant Marc-Aurèle et Caracalla; des recherches ultérieures, puissamment secondées dans ces derniers temps par l'administration de la ville de Toulouse, ont procuré la découverte de ceux qui vont être indiqués, monumens précieux à l'aide desquels on a pu composer une de ces collections que les anciens nommaient *Pinacothèques* ou *Galeries de Portraits*.

C'est en comparant avec les médailles, et les autres monumens antiques, les images des empereurs trouvés dans les champs de Martres, que l'on est parvenu à en reconnaître le plus grand nombre; mais il nous est resté des doutes sur plusieurs, et quelques-uns de ces monumens nous ont paru représenter des personnages inconnus.

148. Ce n'est que d'après des conjectures plus ou moins probables mais légères que l'on a cru que ces deux bustes étaient ceux des fils d'Agrippa et de Julie, qui furent adoptés par Auguste. Le premier, *Caïus César*, déclaré Prince de la jeunesse et Consul désigné à 14 ans, commanda les légions romaines en Arménie, et il donna des preuves d'une grande valeur et de talens précoces; mais blessé en trahison, il mourut à l'âge de 18 ans: le buste placé sous le n.º 148 représente bien un jeune homme de cet âge. C'est pour ce prince, qui partait

pour l'Arménie, où il allait trouver et la gloire et la mort, qu'Ovide écrivit ces vers :

Ecce parat Cæsar domito quod defuit orbi
Addere , nunc oriens ultime noster eris.
Parte dabis pœnas , Crassi gaudete sepulti ,
Signaque barbaricas non benè passa manus.
Ultor adest , primisque Ducem profitetur in annis ,
Bellaque non puero tractat agenda puer.
Parcite natales timidi numerare Deorum ,
Cæsaribus virtus contigit ante diem.

119. *Lucius César,* frère du précédent, et qui est peut-être représenté par le buste, fut aussi Consul désigné et prince de la jeunesse. Envoyé pour commander en Espagne avec le titre de Proconsul, il mourut n'ayant pas encore 16 ans, et l'on peut remarquer que le buste placé ici indique à peu près cet âge. Il fait pendant au précédent. Le marbre est de même qualité, et le travail indique que ce monument est dû au même artiste.

120. Tibère est représenté ici à la manière héroïque. Aucun vêtement ne couvre son buste. Sa tête porte la couronne civique. Ce monument, en marbre nommé *Grecheto*, a reçu très-anciennement quelques restaurations. Le nez a été mutilé ainsi que les oreilles, sans doute à l'époque où les Barbares envahirent l'empire romain.

Tibère (*Claudius Tiberius Nero*) était fils de Tibère Néron et de Livie, qu'Auguste épousa lorsqu'elle était enceinte de Drusus surnommé Germanicus. Les mœurs de ce prince, dit Tacite, furent différentes selon les temps. Jaloux de l'estime publique lorsqu'il n'était que simple particulier, ou chef des légions, il montra de la bravoure et parut attaché à ses devoirs. Rusé pendant la vie de Germanicus et de Drusus, il feignit des vertus et racheta ses vices par quelques belles actions. Tant qu'il aima ou craignit Séjan, il fit horreur par sa cruauté, mais fut attentif à voiler ses débauches. Abandonné enfin à son caractère, et libre de la honte et de la crainte, il s'enfonça sans réserve dans le crime et dans l'infamie. On a souvent répété que son précepteur, pour exprimer la bassesse d'ame et l'humeur sanguinaire de son élève, l'avait défini *une boue pétrie avec du sang*. Il régna jusqu'à l'âge de 78 ans; mais, comme le dit Themistius, la vieillesse de ce prince ne fut qu'une longue infamie. Il fit mourir Julie sa femme et fille d'Auguste, Germanicus, Agrippa, Drusus, Séjan. Ses parens, ses amis, ses favoris furent tour à tour sacrifiés à sa jalouse fureur. Mais, ainsi qu'on l'a remarqué, le tyran ne leur arrachait la vie qu'après leur avoir ôté l'honneur, et c'était à l'ombre des lois, et dans le sanctuaire même de la justice, où les malheureuses victimes croyaient se sauver, qu'il les égorgeait. Les tribunaux étaient tombés sous ce prince dans un tel état d'avilissement, qu'ils étaient devenus les instrumens de la tyrannie. « Enfin, n'osant plus jeter les yeux sur Rome où tout lui retraçait ses crimes, où chaque famille lui reprochait la mort de son chef, où chaque ordre pleurait le meurtre de ses plus illustres membres, il alla chercher une retraite où il s'ensevelit en quelque sorte dans les plus affreuses débauches. Suétone a pu seul s'abaisser jusqu'à retracer toutes les infamies par lesquelles ce vieillard impur a décrié pour jamais l'île de Caprée. »

Tibère destina la pourpre impériale à Caïus Caligula, mais seulement parce qu'il avait remarqué dans celui-ci des vices capables de faire oublier les siens. « J'élève, disait-il, en la personne de ce jeune prince, un serpent pour le peuple romain, et un Phaéton pour le reste du monde. » Mais celui-ci, pressé de régner, attendait avec impatience l'instant où Tibère quitterait le trône et la vie; l'Empereur tomba malade à Misène; on le crut mort, et Caïus, son successeur désigné, après s'être assuré des officiers et des soldats, allait s'avancer vers Rome, lorsque tout à coup on apprit que Tibère respirait encore : on connaissait son humeur implacable; deux objets s'offraient à Caligula; le trône et l'échafaud. Il n'hésita point, et le vieil empereur fut étouffé sous les matelas et les autres objets que l'on jeta sur lui.

121. La haine publique, excitée par les décrets du sénat, proscrivit les images des méchans princes; mais l'admiration et l'amour multiplièrent celles d'Antonin Pie, de Trajan et de Marc-Aurèle. Ces monumens révérés seraient même parvenus jusqu'à nous, sans avoir souffert de notables mutilations, si la barbarie des peuples qui renversèrent l'empire romain ne s'était pas exercée sur eux avec un acharnement inoui. C'est à cette unique cause qu'il faut peut-être attribuer les dégradations qu'a éprouvées le buste placé sous ce n.°, et qui représente Trajan. La tête a été séparée du monument, le front a été brisé ainsi que l'épaule gauche, et l'on a dû restaurer ces diverses parties.

Trajan (*Marcus Ulpius Crinitus Trajanus*) naquit à Italica, en Espagne, le 18 septembre de l'an 52 de J.C. Son père, issu d'une famille ancienne, originaire de la Péninsule, avait été créé consul, et avait obtenu les honneurs du triomphe sous Vespasien. « Cet empereur fut, dit Montesquieu, le prince le plus accompli dont l'histoire ait jamais parlé. Ce fut un bonheur d'être né sous son règne : il n'y en eut point de si heureux, ni de si glorieux pour le peuple romain. Grand homme d'état, grand capitaine, ayant un cœur qui le portait au bien, un esprit éclairé qui lui montrait le meilleur, une ame noble, grande, belle; avec toutes les vertus, n'étant extrême sur aucune; enfin, l'homme le plus propre à honorer la nature humaine, et à représenter la divine. »

Nerva ayant succédé à Domitien, le commencement de son règne, selon Pline, fut l'époque du retour de la liberté. Il sut allier, suivant Tacite, deux choses que l'on croyait communément incompatibles, l'autorité suprême d'un seul et la liberté de tous. Une de ses maximes était que *la bonne conscience vaut un royaume*. Se sentant proche de sa fin, il adopta Trajan, et ce ne fut pas le moindre de ses bienfaits envers le peuple romain. L'Empereur désigné était absent lorsque Nerva mourut. Les armées de la Germanie et de la Mœsie le reconnurent, et l'année suivante il fit son entrée à

Rome. Revêtu de toute la puissance, maître du monde, il ne se regarda que comme le premier magistrat de l'empire. Le guerrier n'était pas moins grand en lui que le prince, et peut-être aucun empereur romain n'a fait de conquêtes plus difficiles. La mort le frappa à Sélinonte, nommée depuis Trajanopolis, vers le commencement d'août de l'an 117 de notre ère. Il était alors âgé d'environ 65 ans. Sous sa domination, les peines les plus sévères poursuivirent les délateurs, qui s'étaient multipliés à Rome, et il abolit tous les prétendus crimes de lèse-majesté. « O temps heureux, s'écrie le sévère Tacite, en parlant du règne de ce sage Empereur, ô temps heureux, où l'on n'obéit qu'aux lois, où l'on peut penser librement, et dire librement ce qu'on pense, où l'on voit tous les cœurs voler au devant du prince, où sa vue seule est un bienfait ! »

122. Ce monument représente aussi Trajan, et provient de Martres comme le précédent. La tête est antique ainsi que les épaules. On remarque sur le côté droit des entailles légères pratiquées dans le marbre, sans doute pour y fixer une chlamyde en bronze ou en marbre de couleur.

123. Autre monument qui représente Trajan. La tête a été adaptée sur un buste antique trouvé aussi à Martres.

124. Buste d'Ælius César, fils adoptif d'Adrien. Le nez et une partie de la bouche ne subsistent plus ; il porte la tunique, et par-dessus une chlamide ornée de franges. « Il estait doué, dit le bon Tristan de Saint-Amans [1], d'une grâce naturelle, pleine de majesté et gravité royales, jointe à une grande douceur et maintien fort agréable. De plus, il estait fort éloquent, et son discours était sublime et relevé, et il faisait bien des vers.... du reste non incapable de gouverner un grand empire. Toutesfois sa forme de vivre le faisait estimer homme mol et trop sujet à ses plaisirs. Sa femme mesme se

---

1 *Commentaires historiques.*

plaignant de ses infidélités, il lui respartit qu'elle devait souffrir qu'il prît ses divertissemens plus libres avec celles qui ne luy estàient de rien ; parce, disait-il, que le titre de femme estait un nom de dignité seulement et non de volupté : *Patere me per alias exercere cupiditates meas, uxor enim dignitatis nomen est, non voluptatis.* » Ce prince mourut avant d'être parvenu à l'empire. Adrien, pour honorer la mémoire de celui qu'il avait choisi pour successeur, lui fit élever des statues colossales dans tout l'empire, et consacrer plusieurs temples.

125. Après la mort d'Ælius César, Antonin (*Titus Ælius Hadrianus Antoninus Pius*), fut adopté par Adrien et lui succéda dans la suite. Il naquit à Lanuvium, en Italie, l'an 86 de J. C., et mourut en 161 âgé de 73 ans. Sa famille était originaire de Nîmes. «Qu'on se représente Socrate sur le trône, dit Lacombe [1], et on se formera une idée du règne d'Antonin. Ses sujets admiraient sur-tout en lui une justice inflexible, et toujours attentive à rendre à chacun ce qui lui était dû ; son habileté à discerner les cas qui admettent l'indulgence de ceux qui exigent la sévérité ; sa disposition à écouter quiconque pouvait lui donner un avis utile ; son amour pour le travail, sa bonté et sa douceur envers tous ceux qui l'approchaient. Assez grand par lui-même pour mépriser tout hommage servile, il ne souffrait point les flatteries indécentes, qui déshonorent autant ceux qui les reçoivent que les esclaves qui les donnent. Nul faste ne l'environnait, et son exemple est une preuve qu'un prince vertueux n'a besoin, pour se faire respecter, ni de gardes, ni d'habits magnifiques, ni de tout le luxe extérieur. Sans caprice, sans passion, retenu en tout et agissant toujours avec réflexion, il était, ainsi que Socrate, capable de jouir et de s'abstenir des choses dont le vulgaire des hommes n'a ni la force de se priver, ni la sagesse de bien user. Sa taille était grande, majestueuse, son air de tête annonçait toute la beauté de son

---

[1] *Dictionnaire des portraits historiques*, 1, 83.

ame , et ses sujets , en le voyant , éprouvaient cette
même satisfaction qu'inspire la présence d'un père ten-
dre et chéri. »

Le surnom de *Pius*, qui fut donné à Antonin par le
sénat, ne peut être facilement traduit dans notre langue : il désignait l'assemblage de toutes les vertus.
Pausanias a dit que cet empereur ne méritait pas seulement cet honorable titre de *Pius*, mais encore celui
qu'on avait jadis donné à Cyrus, de *Père des hommes*.
Lorsqu'il mourut en 161 , il fut pleuré par ses sujets
comme le meilleur des princes. On a remarqué que ses
successeurs prirent son nom pour se rendre agréables au
peuple, et que ce nom, après avoir été déshonoré par
Caracalla, était néanmoins en si grande vénération,
que l'empereur Macrin le fit prendre à Diaduménien
son fils , de peur que ceux qui le portaient ne s'en
prévalussent pour se révolter contre lui.

Le portrait d'Antonin, placé sous ce numéro, est
sans doute l'un des plus beaux de ceux qui sont encore
conservés. Le travail des cheveux et de la figure , la
facilité du ciseau et la correction du dessin , tout se
réunit pour faire admirer ce morceau de sculpture. La
tête a été ajustée sur un buste, antique aussi , et qui
porte une cuirasse à écailles. Le piédouche en marbre
est moderne ainsi que ceux de la plupart des autres
bustes conservés dans la galerie.

126. Marc-Aurèle(*Marcus Aurelius Antoninus Augustus*)
est représenté très-jeune sur plusieurs médailles, où il
ne porte encore que le nom d'*Aurelius* et le titre de
César [1]. On le voit sur ces monumens, ayant, comme
le dit Tristan de Saint-Amant dans son vieux langage,

---

[1] Entr'autres sur celle où le revers représente Diane portée dans un
char traîné par des cerfs, et où on lit le mot ΕΦΕCΙΩΝ; il en est de
même sur les médailles au revers desquelles on lit JUVENTAS S. C. , et
sur celle qui a sur le revers la Piété protégeant le jeune César, avec le
mot PIETAS au-dessous, et à l'entour TR. POT. III, COS. II. Ce monument
offre sur-tout la plus grande ressemblance avec le buste placé sous ce n.°,
Il en est de même d'une foule d'autres médailles latines que nous n'avons
pu citer ici.

« le menton couronné d'un léger poil follet, qui le rend fort agréable comme entrant dans la première saison de la jeunesse au sortir de l'adolescence. » Il a été représenté ici de cette manière par le buste placé sous ce n.º

127. Cet autre buste représente Marc-Aurèle beaucoup plus âgé. La conservation de ce beau monument est parfaite. L'empereur porte une cuirasse sur le devant de laquelle on voit la tête de Méduse. Le piédouche est moderne.

Né à Rome le 26 avril de l'an 122, Marc-Aurèle vécut près de 59 ans, et fut les délices du peuple romain. La peine la plus forte qu'il imposa à ses ennemis déclarés fut le bannissement. Son humanité, sa douceur éclataient même dans les choses qui auraient été indifférentes à beaucoup d'autres. Dion Cassius nous apprend en effet qu'il voulut que les gladiateurs ne combattissent qu'avec des épées sans pointe et des dards sans fer. « Rien n'est capable de faire oublier le premier Antonin, dit Montesquieu, que Marc-Aurèle qu'il adopta. On sent en soi-même un plaisir secret lorsqu'on parle de cet empereur ; on ne peut lire sa vie sans une espèce d'attendrissement : tel est l'effet qu'elle produit, qu'on a meilleure opinion de soi-même, parce qu'on a meilleure opinion des hommes. »

128. *Lucius Aurelius Verus* fut adopté, étant très-jeune, par Marc-Aurèle. « On remarquoit en son visage, dit Tristan de Saint-Amant, un air jovial, et d'un homme qui aimoit son plaisir. Il avoit les yeux médiocres et bleus, non à fleur comme Marc-Aurèle, mais un peu plus cachés, le nez grand, toutefois bien fait, et le visage assez long. Du reste, il est remarquable qu'il portoit la barbe fort longue, et qu'il poudroit sa perruque, qu'il avoit blondorée naturellement, de limailles d'or, pour la faire paroistre rayonnante au soleil ; ce qui lui donnoit sans doute beaucoup de grâce dans le rencontre, car ayant les cheveux frisés, comme on le voit dans ses monnoies, cet artifice le faisoit pa-

roistre plein de majesté singulière. » Il épousa Lucille, fille de Marc-Aurèle, et ne partagea la puissance souveraine avec ce grand homme que pour mieux goûter tous les plaisirs. Il mourut d'apoplexie en 169, âgé de 39 ans. Il nous reste beaucoup d'images de cet empereur. Dans le monument placé sous ce n.°, la tête seule est antique. Elle ressemble parfaitement aux plus beaux portraits de cet empereur.

129. On doit vivement regretter que ce rare portrait d'*Annius Verus* ait été si cruellement mutilé. Il a été trouvé sous nos yeux près du beau buste de Marc-Aurèle, dans le champ de Saboulard, à Martres.

Fils de Marc-Aurèle et d'Annia Faustine, Annius Verus cessa de vivre à l'âge de sept ans. *Capitolinus* parla ainsi de la mort de ce jeune César : *Filium nomine Verum Cæsarem execto sub aure tubere, septennem amisit, quem non plus quinque diebus luxit, consolatusque etiam medicos, actibus publicis se reddidit.* Marc-Aurèle fit élever des statues à ce fils chéri, et sitôt ravi à l'amour paternel, et il voulut que son image en or fut portée aux pompes du Cirque.

On a quelques médailles, soit grecques ou latines, où l'on voit la tête d'*Annius Verus*. Sur l'une d'entr'elles, rapportée par Vaillant [1], on voit d'un côté la tête de cet enfant, avec la légende ANNIVS. VERVS. CAESAR. ANTONINI. AVG. FIL.

Sur le revers est la tête de Commode son frère, avec cette légende : COMMODVS. CAES. ANTONINI. AVG. FIL.

130. C'est d'après la Chausse [2] et quelques autres antiquaires, et sur-tout d'après les médailles, que l'on a attribué ce buste impérial à Commode. La tête, que l'on y a rajustée, est bien celle qui en fit primitivement partie : elle porte la couronne civique. Ce morceau est d'un très-beau travail. Le buste est couvert de la cuirasse et du *Paludamentum.*

---

[1] Numismata. 1. 87.

[2] *Grand Cabinet romain, in-folio,* Amsterdam, 1706, pag. 16.

Commode (*Marcus Aurelius Commodus Antoninus Augustus*) ou *Lucius Ælius Aurelius Commodus Augustus*, né en 161, fut étranglé en 192, après avoir régné environ 12 ans et 9 mois. « Jamais, dit Saint-Amant [1], l'impureté, la volupté, la brutalité, la cruauté et l'injustice ne furent mieux logées qu'elles se rencontrèrent estre dans Commode, qui véritablement estoit doué d'une parfaite beauté (ainsi qu'Hérodien le fait voir), et comme l'aspect de sa monnoie nous le confirme..... Mais cette exquise beauté se trouva par succession de temps estouffée soubs la bouffissure enflammée d'un sang aduste et bilieux, nageant en crapule..... » Le même ajoute : « A la vérité, il n'y eut jamais homme plus perdu de desbauches que luy, estant...., en toutes choses, semblable au détestable Néron, sinon qu'il ne se trouva avoir pu se rendre coupable de l'action la plus noire et plus impie que Néron commit, car il ne put tuer sa mère, qui estoit décédée avant qu'il fût *Auguste.* »

131. On a cru retrouver quelques traits de ressemblance entre la tête antique placée sur ce buste, et les portraits d'Albin (*Decimus Clodius Septimus Albinus Augustus*). Né à Adrumette, en Afrique, il se distingua par sa bravoure sous le règne de Marc-Aurèle. L'empereur Commode lui donna le gouvernement de la Grande-Bretagne. Dans la suite, peu content de n'être qu'associé à l'empire avec Septime-Sévère, il voulut régner seul ; mais le sort lui fut contraire. Vaincu le 19 février 197 par son rival, qui n'épargna pas même les restes inanimés de ce redoutable adversaire, il entraîna dans sa ruine tous ses amis et toute sa famille.

132. Lucius Septimius Severus, avec les portraits duquel ce buste a beaucoup de ressemblance, se fit proclamer empereur par les légions d'Illyrie, en avril ou au commencement de mai de l'an 193. Il marcha de suite vers Rome, et le sénat le reconnut. Vainqueur d'Albin prés

---

1 *Commentaires historiques*, 553.

des murs de Lyon, il souilla son triomphe par la proscription de tous ceux qui pouvaient avoir été amis de son rival. Il mourut de maladie en 209, âgé de 65 ans 9 mois. Ayant fait, peu de temps avant d'expirer, apporter devant lui l'urne qui devait recevoir ses cendres, il lui adressa ces paroles : « Tu renfermeras celui que n'a pu contenir l'univers. »

Ce beau buste cuirassé est surmonté d'une tête qui y a été adaptée dans les temps anciens. Sur le cartouche, qui est antique, on voit les traces d'une inscription tracée avec une pointe extrêmement fine, mais on ne peut plus lire que la fin d'un nom, ... NINUS ; sans doute ce buste représentait d'abord l'un des Antonins.

133. Ce buste, d'une très-forte dimension, et remarquable par la bonté du travail, l'est encore plus par une circonstance particulière que l'on observe rarement dans les monumens de cette espèce ; car il a les bras et les deux mains. Ce monument, en marbre de Paros, ressemble beaucoup aux portraits authentiques de Plautilla (*Justa Flavia Plautilla Augusta*), fille de Plautien et femme de Caracalla. Elle porta une dot considérable à son époux : mais son caractère impérieux irrita celui-ci, qui la menaça de lui faire subir le sort le plus triste lorsqu'il serait maître de la souveraine puissance. Plautien, instruit des projets de Caracalla, conspira contre ce prince et contre l'Empereur même ; mais son complot fut découvert, et sa mort assura le trône du monde à son gendre. Plautille et Plautius, son frère, furent relégués dans l'île de Lipari, et après sept années d'abandon et de malheur, ils furent immolés par ordre de Caracalla. Ce ne fut pas même assez pour ce monstre, il fit périr aussi une fille qu'il avait eue de Plautille, et qui avait suivi sa mère dans l'exil.

Ce monument a 87 centimètres de hauteur.

134. Publius Septimius Geta est représenté par ce monument. La tête est antique et a été rapportée sur un buste qui l'est aussi. Encore enfant, Geta montra une

douceur, une humanité peu ordinaires. « Entendant
son père expliquer le dessein où il était de mettre
à mort les principaux partisans de ceux qui lui avaient
disputé l'empire par les armes, il parut ému ; Sévère
lui ayant dit : Ce sont des ennemis dont je te délivre, Géta demanda quel en serait le nombre. Ces in-
fortunés, ajouta-t-il, ont-ils des parens et des proches ?
Comme on fut obligé de répondre qu'ils en avaient
plusieurs : Hélas ! s'écria-t-il, il y aura donc plus de
citoyens qui s'affligeront de notre victoire que nous n'en
verrons prendre part à notre joie ! Caracalla était
présent à cet entretien, et loin d'être de l'avis de Géta,
il voulait que l'on fît périr les enfans avec leurs pères.
Géta fut indigné, et lui dit : Vous qui n'épargnez le
sang de personne, vous êtes capable de tuer un jour
votre frère. » Ce mot d'un enfant fut une prédiction
accomplie par le barbare Caracalla. Géta fut déclaré *Auguste* avec celui-ci, et revêtu de la puissance tribuni-
tienne en 208. Après la mort de Sévère, il régna avec
son frère ; mais ce dernier, fatigué des divisions qui
existaient entr'eux, le fit tuer entre les bras de Julie leur
mère. Il avait alors un peu moins de 23 ans, étant né le
27 mai de l'an 189 : sa mort eut lieu le 27 février 212.

135. La ressemblance de cette tête avec plusieurs portraits
authentiques d'Alexandre Sévère peut justifier la dénomination sous laquelle on l'a placée.

Alexien, cousin de Marcus Antoninus Augustus, plus
connu sous le nom d'Héliogabale, était fils de Genesius
Marianus et de Mammée. Né dans la ville d'Arcé en
Phénicie, en 208 ou 209, il aima les lettres et les
armes. Héliogabale, qui n'avait que 17 ans, adopta son
cousin qui en avait 13, et il lui fit prendre le nom
d'Alexandre ; vicieux, il voulut pervertir ensuite l'inno-
cence de cet enfant. Ses desseins n'ayant pas réussi, il
lui voua la haine la plus forte, et chercha à s'en défaire
en secret : il annonça ensuite ouvertement le projet
de le faire périr, et s'il se réconcilia en apparence avec
lui, ce ne fut que pour mieux le frapper ; mais les

prétoriens le massacrèrent et proclamèrent Alexandre , alors âgé de 13 ans et demi. Il fut aussitôt reconnu par le sénat. Il méritait le titre de maître du monde par sa bonté, par sa justice , par son humanité. Hérodien dit que jamais il ne fit répandre le sang innocent , chose bien rare à Rome, où des tyrans livraient aux bourreaux tous ceux qui n'étaient coupables que d'avoir déplu au souverain ou d'avoir des vertus. Le sénateur Ovinius Camillus avait conspiré contre lui; il le fait venir : Je vous remercie, lui dit-il , de la bonne volonté avec laquelle vous vous offrez pour vous charger d'un fardeau bien pesant pour moi..... Il le conduit au sénat , l'associe à l'empire , et lui fait partager les fatigues attachées à la souveraine puissance. Ce fut la seule vengeance qu'il tira d'un attentat qui , sous tout autre prince , aurait coûté la vie à Ovinius. Sévère Alexandre fut libéral et bienfaisant : il honora la mémoire des grands hommes, et vénérait la vertu partout où il croyait la trouver. Il méritait les respects et l'amour de la terre, mais l'ambition lui suscita des ennemis. Selon Victor et quelques autres, *Uranus*, *Antoninus*, *Taurinus* prirent la pourpre, mais ils furent vaincus ; et le triomphe d'Alexandre sur Artaxercès semblait lui annoncer une suite non interrompue de victoires. Plein de confiance , il marcha contre les Germains, qui menaçaient les Gaules , et c'est pendant cette expédition qu'il fut tué , le 19 mars 235 , âgé de 26 ans et demi.

136. Il paraît que ce buste a été fait d'après un portrait de Papien (*Marcus Claudius Pupienus*), qui, né vers l'an 164 , élu empereur en 237, fut tué en 238. Il était fils d'un forgeron, et sa valeur l'éleva seule aux premières dignités de l'armée. Il se préparait à porter la guerre chez les Persans, lorsqu'il fut massacré par les soldats de la garde prétorienne. Il ne régna qu'une année , et sa mort excita des regrets unanimes ; car il aimait la vertu, et était doué d'une grande douceur. Ce buste a été restauré en grande partie à l'aide des frag-

mens épars que l'on a retrouvés dans les champs de
Martres en 1826.

137. Ce buste, en marbre d'Italie, n'a d'autres restaurations que la partie postérieure de la tête et l'extrémité
du nez. La tête, quoique détachée très-anciennement
du buste, est bien la sienne. Ce monument représente
Philippe (*Marcus Julius Philippus*), d'abord préfet
du prétoire. Il était né à Bostra dans la Trachonite, et
si l'on en croyait l'*Epitome* de Victor, son père était
chef d'une troupe de brigands. On a cru, peut-être
assez légèrement, que Philippe était chrétien. Ce qu'il y
a d'assuré, c'est que son élévation à la charge de préfet
du prétoire, lui fit concevoir l'espérance de monter sur
le trône. Il parvint en effet à se faire nommer, par les
soldats, collègue et tuteur de l'empereur Gordien. Bientôt il fit périr celui-ci, et s'attribua en entier la souveraine puissance. Il écrivit au sénat que le jeune prince
était mort de maladie ; il rendit les plus grands honneurs à la mémoire de celui dont il recueillait l'héri-
tage, et lorsque cet Empereur infortuné eut été mis par
le sénat au rang des immortels, Philippe ne rougissait
pas d'appeler Dieu celui qu'il avait tué. Ce fut au commencement du mois de mars de l'an 244 que Philippe
devint seul maître de l'empire par la mort de Gordien.
Dans la même année, il nomma *César* son fils (*Marcus
Julius Severus Philippus*), âgé de sept ans. Après s'être
assuré de Rome et des provinces, il marcha contre les
Carpiens ; il les vainquit et les obligea de demander la
paix. On sait qu'il célébra les jeux consulaires en 248,
l'an 1000 de la fondation de Rome. Sous son règne,
Jotapien fut proclamé empereur en Syrie, Marinus en
Mœsie, et Pacatien peut-être dans les Gaules ; mais
tous trois périrent bientôt. *Décius* prit aussi la pourpre,
et, plus heureux que ceux que nous venons de nommer, il vainquit Philippe, qui fut tué soit dans les
champs voisins de Vérone, soit dans cette ville même,
l'an 249.

138. On a placé la tête du jeune Philippe (*Marcus Julius*

Severus Philippus), fils du précédent, sur un buste cuirassé découvert aussi dans les champs de Martres. Cet enfant fut déclaré *César* à l'âge de sept ans. En 247, il fut choisi par son père pour collègue au consulat, et avant la fin de l'année il fut revêtu du titre d'*Auguste*. L'*Epitome* de Victor rapporte que le jeune Philippe était d'un caractère si sérieux, et même si triste, qu'il n'avait pas ri depuis l'âge de cinq ans, et qu'aux jeux séculaires ayant vu l'empereur qui riait d'une façon qui lui parut immodérée, il jeta sur lui un regard d'indignation. Les prétoriens ayant appris la défaite de son père, arrachèrent la vie au jeune Philippe.

139. Cette tête antique, placée sur un buste moulé en plâtre pour compléter le monument, a quelque ressemblance avec les portraits connus de *Caïus Volusianus*, fils de *Caïus Vibius Trebonianus Gallus*, qui succéda à *Décius* en 251. Associé par son père à l'empire et déclaré *Auguste*, Volusien marcha avec lui, en 253, contre Emilien qui avait levé l'étendard de la révolte. Les deux armées se rencontrèrent près d'Interamna, aujourd'hui Terni, en Ombrie, et les soldats de Gallus et de Volusien massacrèrent alors ces empereurs, qui n'avaient régné qu'environ deux années.

140. On ne peut douter que ce beau buste ne représente l'empereur Gallien (*Publius Licinius Gallienus*). La partie supérieure de la tête a été ajoutée très-anciennement, parce qu'il paraît qu'il y manquait un peu de marbre; mais on n'a point retrouvé ce morceau. L'extrémité du nez seule avait été enlevée. Le piédouche est antique.

« Jamais prince n'est monté sur le trône, dit Crévier, avec une plus belle réputation que Valérien, père de Gallien. » Il fut proclamé, en 253, après la mort d'Emilien, qui avait succédé à Trébonien Galle, et à Volusien. Le sénat nomma Gallien *César*, et son père lui décerna le titre d'*Auguste*. Il fit plus en lui donnant l'honorable mais difficile emploi d'aller commander dans les Gaules, et de les préserver des invasions des Germains. Guidé par Posthume, habile guerrier, qui ensuite prit la pourpre dans les mêmes contrées, Gallien obtint des succès : des médailles lui donnent même à ce sujet le titre de *Germanicus Maximus*. Valérien s'avança contre les Perses, resta long-temps en Orient, et enfin, ayant été défait par Sapor, et fait prisonnier dans une entrevue avec ce prince vers l'an 260, Gallien ne fit rien pour retirer son père de la plus affreuse captivité ou pour le venger. « La seule marque d'attention qu'il lui donna, fut de le mettre au rang des dieux sur une fausse nouvelle de sa mort. » Il quitta les Gaules et entra en Italie, d'où, par les soins du sénat, les Scythes et les Goths venaient d'être chassés. Brave dans les combats, on le vit marcher avec résolution contre les tyrans qui usurpaient la pourpre impériale; mais il fallait que la nécessité l'arrachât aux délices, aux divertissemens, à la nonchalance, et dès que l'aiguillon d'un intérêt personnel ne le piquait plus, il retombait par son propre poids dans son indécente mollesse et dans ses honteux plaisirs. Sous sa domination, l'empire fut désolé par les guerres étrangères et les guerres civiles, par la famine et par la peste. Tous les fléaux fondaient à la fois sur Rome et sur les provinces, et cependant Gallien se plongeait dans les plus infâmes débauches, et montrait une insensibilité stupide. Lorsqu'on vint lui annoncer que l'Egypte s'était révoltée : Eh bien, dit-il, est-ce que nous ne pouvons pas subsister sans le lin d'Egypte ? L'Asie était ravagée par les tremblemens de terre et par les courses des Scythes; Gallien remarqua seulement qu'il faudrait à l'avenir se passer de cette sorte de nitre qu'on en retirait, et qui servait pour les blanchissages, pour les bains et pour la composition du verre. La Gaule venait d'être arrachée à sa domination; il se mit à rire, et dit : La république est-elle donc ruinée, parce que nous n'aurons plus d'étoffes d'Arras? Sa cruauté égalait sa nonchalance. Il régna quinze ans, si l'on compte de l'époque où il reçut le titre d'*Auguste*, ou seulement huit, depuis la captivité de son père. Il fut tué sous les murs de Milan, au mois de mars de l'an 268, et mis au nombre des Dieux par ceux mêmes qui l'avaient immolé, ou qui avaient succédé à son pouvoir. Ainsi, la flatterie et la politique, qui avaient en quelque sorte fatigué Gallien pendant sa vie, s'attachèrent à son tombeau : mais sa Déification même, qui n'était qu'une vaine cérémonie à laquelle on était accoutumé, ne marqua pas autant la bassesse des Romains que cette inscription, gravée pendant sa vie sur l'arc de triomphe qu'ils lui consacrèrent, et où ils osèrent dire que sa valeur invincible n'avait pu être surpassée que par sa piété : *Cujus invicta virtus solâ pietate superata est.*

141. On n'a pas encore déterminé le nom du personnage représenté par ce beau buste. Le travail est large et facile, et sa conservation, à l'exception d'une partie de la ligne du profil, est presqu'entière.

142. Beau buste de femme. Ce portrait, qui représente une dame romaine, est digne d'arrêter les regards. Les cheveux sont enroulés autour de la tête en tresses plattes et très-élégantes. L'extrémité du nez a été restaurée.

143. Buste représentant un personnage inconnu.

144. Buste cuirassé, d'une petite proportion, et dont la tête n'a pas été retrouvée.

145. Buste de femme. La tête n'a pas été retrouvée.

146. Cette tête colossale en marbre blanc, et qui provient de Martres ainsi que les monumens qui précèdent, a été placée sur un buste en hermès; elle représente un personnage que l'on n'a pu reconnaître, la ligne du profil ayant souffert beaucoup de mutilations.

147. Autre tête trouvée à Martres et placée sur un buste en hermès; elle représente un personnage barbu. Le travail est médiocre, et annonce la décadence des arts dépendans du dessin.

148. Buste en marbre blanc, et qui supportait une tête
en marbre noir. Le cou seul a été conservé.

MORCEAUX DÉTACHÉS.

149. Torse d'une figure d'homme en marbre noir : une
draperie coûvre les reins et le devant du ventre. Un
bras retrouvé près de ce torse, et qui a appartenu au
monument, paraîtrait indiquer que l'on doit reconnaître dans cette figure un *pêcheur africain*. La main
tient en effet une boule qui paraît l'extrémité d'un
filet, dont la corde s'enroule autour du poignet. La
couleur du marbre vient à l'appui de cette opinion. Ce
précieux morceau a 53 centimètres de hauteur.

150. Ce torse, d'une forte proportion, fut trouvé dans
la rivière de l'Aude, près de Carcassonne, et le chevalier Rivalz en fit présent à l'Académie des Beaux-Arts
de Toulouse. Ce monument, auquel on a dû donner
une position sans doute bien différente de celle qu'il
occupait autrefois, a pu faire partie d'un groupe représentant des lutteurs. Il a été placé sur un tronçon d'une
colonne antique trouvée à Toulouse.

USTENSILES, MEUBLES, OBJETS DE DÉCORATION.

151. Les deux roues en bronze placées sous ce numéro
doivent être comptées au nombre des objets les plus
précieux conservés dans le Musée. Elles furent découvertes à Fa, petit village de l'arrondissement de Limoux,
dans le département de l'Aude. Vendues d'abord pour
un écu, portées successivement à Carcassonne et à Limoux chez des fondeurs qui ne voulurent point les acquérir, et enfin cédées par celui qui les avait en sa possession à M. de Saint-Amand, membre de l'Académie
de Toulouse, celui-ci les plaça dans son cabinet et les
fit graver. Une de ces planches parvint à Benoît XIV, et
Sa Sainteté témoigna le désir d'en faire l'acquisition; mais
M. de Saint-Amand répondit que, dans le dessein où

il était de laisser, à sa mort, son cabinet à l'Académie, il ne se regardait que comme dépositaire des monumens qu'il renfermait. Ce savant mourut quelques années après. Les revers que sa fortune avait essuyés n'ayant pu permettre que ses intentions fussent remplies, relativement au don du cabinet, l'Académie l'acheta, et les roues demeurèrent en la possession de cette société jusqu'à l'époque où la Convention ordonna la spoliation des propriétés des corps littéraires. Alors ces roues, que l'on voulait briser et jeter dans le creuset, furent sauvées par une personne courageuse, et placées dans le Musée. Elles ont environ 54 centimètres de diamètre, et cinq rais chacune, comme celles du *trige* de la famille Manlia. Ces rayons naissent du milieu de l'essieu; et sortent chacun d'un ové entouré de plusieurs filets très-bien faits. Le moyeu, qui dépasse autant d'un côté que de l'autre, a un peu plus de 38 centimètres dans toute sa longueur et est orné d'autres filets. L'ouverture par où passait l'essieu a 7 centimètres $\frac{1}{2}$ à chaque bout. Cette cavité renflée dans le milieu, sous les rais, laisse un vide dans cette partie, entre le moyeu et l'essieu. Ce vide communiquant avec celui des rayons qui sont creux, servait à rafraîchir l'air pendant la rotation. Les jantes de bronze, qui n'en forment qu'une puisque le tout est d'une pièce faite d'un seul jet, ont 8 centimètres de hauteur et 3 d'épaisseur; dans cette épaisseur est une rainure évasée dans toute sa circonférence, qui devait recevoir les jantes de bois. Cette rainure a un peu plus de 2 centimètres d'ouverture et 6 centimètres de profondeur; elle se termine en angle aigu, émoussé par un pan arrondi. Les trous des boulons rivés, qui assujettissaient les jantes de bois, sont placés à 1 centimètre $\frac{1}{2}$ du bord; il y en a un correspondant à chaque rais et un autre au milieu [1].

152. Quarante ans après la découverte des roues qui viennent

---

[1] Voyez pour d'autres détails les *Mémoires de l'Académie de Toulouse*, 11, p. 179 et suivans.

d'être décrites, on trouva dans le même champ, à Fa, le petit monument en bronze qui porte ce numéro. Il représente une lionne attaquant un cavalier. La forme de cet objet, l'ouverture profonde de 7 centimètres qui y existe et qui annonce qu'il devait recevoir un corps ayant ce diamètre ; le lieu où il fut trouvé, tout se réunit pour indiquer qu'il faisait partie du char auquel appartenaient les deux roues. Il paraît assuré qu'il formait l'extrémité de l'un des accoudoirs de ce même char. Ce morceau a 40 centimètres de longueur.

153. En passant à Limoux, il y a environ 24 ans, un Italien nommé *Féliciani*, acheta à un paysan ce timon, qui est aussi de bronze, et qui peut-être a fait partie du char antique qui nous a fourni les deux roues et le bout d'accoudoir. Il a 44 centimètres de longueur ; la partie creuse en a 38. La conservation de ce morceau, qui fut donné au Musée, est parfaite.

154. Cette belle lampe antique, sous la forme d'un danseur, est en bronze et provient du cabinet de l'Académie des Sciences.

155. Cette lampe est aussi en bronze et ressemble en entier à une autre conservée autrefois dans le cabinet du Duc de Médina-Cœli, et qui a été publiée par le P. Montfaucon [1]. On peut former quelques doutes sur son antiquité, et nous sommes portés à croire qu'on ne doit y reconnaître qu'une copie de la lampe possédée par le seigneur espagnol qui vient d'être nommé.

156. Lampe en terre cuite, trouvée à *Vieille-Toulouse*.

157. Autre.

158. Figurine en bronze qui représente un danseur.

159. Têtes en bronze dans le style égyptien.

---

1 Antiquité expliquée.

160. Cuiller en bronze trouvée à Toulouse.

161. Cachet ou tessère antique, trouvé à Toulouse ; il a appartenu à un Romain nommé *Lucius Cœlius Crispinus*.

Ce cachet paroît avoir été destiné à être empreint dans la matière encore molle des poteries, et sur des briques. On a placé sous le même n.° les objets suivans :

Tuyaux en terre qui avaient été mis sous les pavés en mosaïques, découverts dans les champs de Martres.

Briques qui servaient à fermer les ouvertures de l'un des Hippocaustes retrouvés à Martres.

Briques guillochées, qui ont été découvertes dans les ruines des édifices de *Calagurris* des *Convenæ*.

162. Main votive qui tient un livre.

MONUMENS SÉPULCRAUX.

§ I.er

URNES, TOMBEAUX ET INSCRIPTIONS SÉPULCRALES.

163. Ce marbre grec fut envoyé de Constantinople à M. de Puymaurin, syndic de la province de Languedoc. M. le Baron de Puymaurin, fils de ce magistrat, a donné ce marbre au Musée. C'est un de ces petits monumens funéraires si communs en Grèce, où souvent ils sont employés aux plus vils usages. Il est orné de trois figures en bas-relief qui ont environ 24 centimètres de haut. Celle qui paraît être la principale représente un vieillard assis et donnant la main à un autre personnage qui est placé devant lui : l'artiste a, sans doute, voulu indiquer le dernier adieu. Derrière le vieillard, est une femme élégamment drapée, et qui porte l'index de la main droite sur sa bouche. On lit au-dessus de la figure assise le mot ΣΠΙΝΘΑΡΟΣ, nom de ce personnage ; au-dessus du second personnage on voit celui-ci, ΕΥΒΟΥΛΟΣ : derrière la tête de la femme est le nom ΒΟΥΛΗΤΗ. Ainsi ces figures représentent *Spintharus*, *Eubulus* et *Bulété*.

Dans une dissertation lue à l'Académie de Toulouse, en 1774, M. du Mas cherchant à expliquer ce marbre, passe en revue tous les *Spintharus* et tous les *Eubulus* dont il est fait mention dans les anciens auteurs. Mais pour distinguer précisément ceux que notre marbre représente, il fallait les trouver contemporains, quoique d'un âge différent, et, de plus, ayant ensemble des relations particulières, afin de répondre à leur attitude.

«Il y avait un *Spintharus* de Tarente, homme distingué, dont Plutarque fait mention trois fois [1], et ce *Spintharus* se plaisait beaucoup à raconter qu'il avait eu occasion de connaître particulièrement Épaminondas à Thèbes : il ajoutait même qu'il n'avait jamais vu de jeune homme qui, sachant plus, parlât moins. Tel est le *Spintharus* adopté par M. du Mas, et qui doit avoir vécu environ 300 ans avant J.-C. Il s'agissait de trouver un *Eubulus*, plus jeune, qui eût des relations avec *Spintharus*, et notre antiquaire le rencontre dans cet *Eubulus*, qu'Athénée dit [2] être aussi de Tarente, et qui périt dans l'expédition des Athéniens contre Philippe de Macédoine, lorsqu'ils forcèrent celui-ci à lever le siège de Byzance et celui de Perinthe. Cet événement date de 339 ans avant J.-C. Or cet *Eubulus* était, selon Pausanias [3], fils de *Spintharus*. Rien de plus formel que ces derniers mots. » On pourrait donc reconnaître dans la principale figure sculptée sur ce monument, *Spintharus* de Tarente, qui touche la main à son fils *Eubulus* pour lui faire ses derniers adieux. La femme nommée *Bulété* était peut-être l'épouse ou la sœur d'*Eubulus*. Si ces conjectures étaient adoptées, et que l'on crût que ce marbre fut placé sur la sépulture de cet *Eubulus*, dans le voisinage de Byzance, où l'on en a

---

(1) *De Audit.*
De Gen. soc.
Vita Pelop.

(2) Lib IV.

(3) Attic. c. 29.

fait la découverte, il aurait plus de vingt-un siècles
d'antiquité.

164. Les champs voisins de *Vieille-Toulouse*, et les quatre
cimetières romains, dont on retrouve des traces près
des murs de la ville actuelle, fournissent un grand
nombre d'amphores en terre cuite, pareilles à celles
qui sont placées sous ce numéro, et qui ont servi d'urnes
aux anciens habitans de nos contrées. On les trouve
toujours pleines de cendres et d'ossemens calcinés.

165. Les Romains n'ont pas constamment placé les cada-
vres sur le bûcher, et les tombeaux que l'on trouve souvent avec des marques de polythéisme, et qui ont
toute la longueur d'un personnage de grande taille,
indiquent suffisamment que la coutume de brûler les
corps a souffert quelques exceptions. Le monument
placé ici fournit à cet égard une nouvelle preuve. Il
provient de Valcabrère, village qui, ainsi que nous
l'avons annoncé, est bâti sur le sol de *Lugdunum Convenarum*. De petites colonnes décorent les angles du
monument ; au centre de la face principale est un cadre circulaire, dans lequel on a représenté un personnage tenant d'une main le couteau des sacrifices, et de
l'autre renversant une patère ronde sur un autel, ou
sur un vase. Le travail est grossier et annonce que
l'ouvrier ne connaissait pas le dessin.

166. Urne ou petit tombeau en marbre sur lequel on a
représenté deux époux. Cette sculpture grossière doit
être attribuée, ainsi que celle du monument précédent, aux sculpteurs ignorans qui avaient établi, près
du lieu où l'on voit maintenant la petite ville de
Saint-Béat, sur le flanc de la montagne de Rie (qui est
formée presqu'en entier de marbre blanc), un atelier où
l'on taillait des autels et des tombeaux. Une partie de
cet atelier subsiste encore, et l'on remarque sur le rocher, nommé à cause de cela *Maïl dé las higuros* , des
figures faites sans art, et pareilles à celles que l'on
voit sur ce monument. On doit à M. Chaton, de Saint-

Gaudens, la conservation de cette urne, trouvée près de Valentine.

167. Fragment d'un monument semblable, découvert à Valcabrère.

168. Urne en marbre. L'inscription, en mauvais latin, indique que ce monument renfermait les cendres d'une femme nommée *Tauria Paterna*.

169. Cippe sépulcral sur lequel on a représenté en buste deux époux.
Ce cippe vient du village de Burgalaïs.

170. Autre cippe provenant de Boutx, et donné par M. le Maire de cette commune.

171. Cippe sépulcral de *Andus*, fils de *Bilahisis*.

172. Marbre sur lequel on lit une inscription qui nous apprend qu'un particulier nommé *Severus*, fils de *Berhaxis*, avait élevé un monument funéraire pour *Exsorata* son épouse, pour *Secundus* son fils, pour *Anderesenis* sa mère, pour *Silvinus* son fils, et pour *Silvina* sa fille. Ce marbre a été extrait des murs de l'église de Bercugnas, en 1815, par ordre de M. le comte de Remuzat, alors préfet.

173. Inscription sépulcrale découverte chez les *Consorani*.

174. Monument consacré par *Hermogènes* aux Dieux Mânes, à *Hermetus* son père, et à *Ævadia Secundina* sa mère. Ce monument vient de Bagnères-de-Luchon.

175. Inscription sépulcrale romaine, découverte à Marignac. Dans des temps modernes, on a gravé une croix sur ce monument et on l'a mutilé, en sorte que l'inscription est peu apparente.

176. Inscription consacrée à *Serana*, par *Primulus* son fils.

177. Inscription dédiée à la mémoire d'*Hannarus*, fils de *Dannorigis*, par son épouse. Le *théta* Θ qui précède

le nom d'*Hannarus* indique que ce personnage avait
cessé de vivre lorsque le monument fut élevé.

178. Inscription qui faisait partie d'un monument consacré à *Sextus Julius...*, Préfet des ouvriers, par *Sextus
Julius...* son fils. Ce marbre a été découvert près de
l'amphithéâtre de Toulouse.

179. Pierre sépulcrale que *Silvanobius*, fils d'*Hottaris*,
avait placée sur le tombeau qu'il avait fait construire,
pendant sa vie, pour lui et pour *Amæna*, fille de
Sembetenis, son épouse. Ce monument a été découvert près du village de Boussens. Il a été donné au
Musée par madame veuve Camparan.

180. Pierre sépulcrale que *Cupitus*, fils de *Tolosanus*,
avait fait mettre sur un tombeau dans lequel étaient
déposées les cendres de son père, de *Cornelia Do-
mestica* sa mère, et de *Julia Graphidis*, sa sœur. Ce
tombeau était aussi destiné à *Cupitus*, aux siens et à
leur postérité. On a découvert cette inscription à Toulouse, dans les champs de *Feretra*, lieu où il existait
un cimetière romain.

181. Pierre sépulcrale qu'*Andostenus*, fils de *Licinus*,
avait fait placer sur un monument destiné pour lui,
pour *Lexeia* son épouse, fille d'*Ombexonis*, et pour
Julie, fille d'une autre *Julie*. Ce monument a été
découvert à Cier-de-Rivière.

182. Fragment d'une inscription trouvée à Toulouse. Il
paraît qu'elle était placée sur le tombeau qu'un Romain,
qui était décoré du titre de Questeur, avait fait construire pour lui et pour les siens.

183. Inscription sépulcrale trouvée dans le pays des *Convenæ*; elle fut gravée pour le nommé *Narcisse*, affranchi de *Priulius* qui la fit mettre sur le tombeau qu'il
avait fait construire pour lui et pour *Julie* son épouse.

184. Autre inscription sépulcrale découverte dans la
même contrée.

185. Bouts d'un tombeau en marbre blanc. On y a repré-

6.

senté des griffons. Le dessin est d'un bon goût, et l'exécution assez soignée. Ces objets proviennent de Narbonne.

§ II.

MONUMENS SÉPULCRAUX DES PREMIERS CHRÉTIENS.

186. Ce monument a été tiré de l'ancien cimetière chrétien qui existait non loin de l'église de Saint-Saturnin. Ravi à son ancienne destination, on le plaça dans le jardin d'un riche particulier, où il reçut le nom de *Tombeau de Jean-Jacques Rousseau.* Devenu ensuite la propriété de M. le Docteur Ducasse, il fut porté à Soleilhavolp, près de Fourquevaux. Mais ce médecin ayant appris que la Direction du Musée désirait acquérir ce marbre antique, en a fait présent à l'établissement. Le couvercle placé sur ce tombeau appartenait à un autre monument. On y remarque le chiffre de Christ, formé d'un X *chi* et d'un P *rho.*

187. Tombeau en marbre blanc, orné de sculptures représentant des pampres et des raisins. Ce monument, qui, dans des temps modernes, a servi à de nouvelles inhumations, a été fait pendant le quatrième ou cinquième siècle du christianisme.

188. Tombeau orné d'arabesques; il date à peu près de la même époque que le précédent. Ce monument est en marbre. Il provient de l'église de Saint-Michel du Touch. On a placé sous le même n.º un autre tombeau en pierre, orné aussi par des arabesques, et ayant le monogramme de Christ sculpté sur sa principale face. Ce sépulcre a été découvert dans l'ancien cimetière romain, qui, de la rue de *la Colombette*, à Toulouse, s'étendait jusqu'à la tuilerie de *Terre cavade.*

189. Tombeau en marbre. Ce monument est orné d'un bas-relief qui représente les apôtres. Sur l'un des petits côtés, on remarque *Isaac* à genoux devant un autel, et prêt à être sacrifié par *Abraham.*

190. Autre tombeau en marbre. Sur la face principale, on remarque un personnage qui porte un coup d'épieu à un sanglier. Le couvercle est orné d'un bas-relief, au milieu duquel est le chiffre ou monogramme de Christ placé dans une couronne de laurier; cette couronne est supportée par deux génies ailés.

191. Tombeau en marbre, ainsi que les précédens. On y voit, sous des arceaux soutenus par de petites colonnes à cannelures torses, les apôtres tenant chacun un rouleau. Le couvercle placé sur ce monument n'en faisait pas autrefois partie; il était encastré dans le mur de l'ancienne église de la Daurade, et était connu sous le nom de *Tombeau de la reine Pédauque*. On y a représenté la résurrection de Lazare, la multiplication des pains, etc. Ces divers monumens sont pareils à ceux publiés par *Bosio*, *Millin*, etc.

On a placé sous le même numéro deux fragmens de tombeau provenant de Valcabrère, et qui représentent les jeunes hébreux dans la fournaise [1].

____

(1) Le même n.° indique aussi de larges briques, à rebords, qui servaient autrefois aux toitures, et que d'autres tuiles, pareilles à celles dont on se sert à présent, recouvraient dans les lignes de jonction (on peut voir quelques-unes de ces briques, venant de Martres, près des larges tuiles mentionnées ici); mais ces briques ont sur-tout été employées, depuis l'établissement du christianisme, à former des cercueils, et l'on en retrouve une grande quantité dans les anciens cimetières.

PLATRES.

STATUES, BUSTES, TORSES ET BAS-RELIEFS

MOULÉS SUR L'ANTIQUE.

192. Laocoon.

Le sujet de cet admirable groupe est tiré de l'une des fables les plus célèbres de l'antiquité. Prêtre d'Apollon et fils de Priam, le héros représenté ici avec ses deux fils, s'était fortement opposé à l'entrée dans Troie du cheval de bois qui recélait dans ses vastes flancs une troupe de Grecs armés pour porter le ravage et la mort dans cette ville infortunée; il avait même lancé un trait contre la fatale machine. Mais les Dieux ennemis d'Ilion en avaient résolu la ruine et voulurent se venger de Laocoon qui avait essayé d'empêcher l'accomplissement des desseins perfides des Grecs. Un jour que, sur le bord de la mer, le Prince Troyen, couronné de laurier, offrait un sacrifice à Neptune, deux énormes serpens, sortis des flots, s'élancent tout à coup sur lui et sur ses fils qui l'accompagnaient à l'autel : «En vain il lutte contre ces monstres; ils l'enveloppent, se replient autour de son corps, enlacent ses membres, les serrent et les déchirent. Le cri de la douleur est prêt à s'échapper de ses lèvres entr'ouvertes, mais le courage le retient, et tournant vers le ciel des regards douloureux, il expire dans les plus cruelles angoisses. » Le plus jeune des deux enfans s'est réfugié dans le sein paternel : « un serpent s'élance, l'atteint, et dans un nœud dont il lie ses jambes, le soulève et l'arrête en l'air, tandis que d'un autre nœud, il roidit un de ses faibles bras. Enfin, le serpent, du poids d'un seul de ses anneaux qui glisse sur le sein de l'enfant, le presse, le plie, l'étouffe ; l'enfant meurt en regardant son père. Le sort de l'aîné ne paraît pas d'abord décidé. Mais aucun Dieu, aucun homme ne viendra dénouer autour des jambes de cet enfant les abominables reptiles qui l'enlacent. En vain il regarde son père ; en vain ses mains essaient de rompre ces nœuds [1]. »

Le groupe de Laocoon a été trouvé à Rome, en 1506, sur le Mont-Esquilin, dans les ruines du Palais de Titus, contigu à ses Thermes. Le célèbre Pline qui a parlé avec enthousiasme de ce chef-d'œuvre l'avait vu dans le même lieu où l'on en a fait la découverte. Cet écrivain nous apprend que ce monument a été exécuté par trois habiles sculpteurs Rhodiens nommés Agésandre, Polydore et Athénodore. Plusieurs savans ont cru qu'Agésandre était le père des deux autres.

193. Apollon Pythien, ou l'Apollon du Belvédère.

« Apollon vient de percer d'un trait mortel le serpent Python, qui désolait le territoire de Delphes : sa chevelure longue et légèrement bouclée, flotte sur son col, ou se relève sur le sommet de la tête ; elle y est attachée par le *Strophium*, bandeau caractéristique des Dieux et des Rois. Sa chlamyde est rejetée en arrière comme pour mieux laisser voir ses formes divines. Le tronc qui supporte cette belle statue est l'antique olivier de Délos qui avait vu naître ce Dieu sous son ombre ; il est paré de ses fruits, et le serpent qui rampe autour est le symbole de la vie et de la santé dont Apollon est le Dieu [2]. »

Cette statue, la plus sublime, sans doute, de celles que le temps nous a conservées, a été trouvée, vers la fin du quinzième siècle, dans les ruines d'*Antium*, à douze lieues de Rome. Le Pape Jules II, n'étant encore que Cardinal, acheta cette statue, et lorsqu'il fut placé sur le trône, il la fit transporter au Belvédère du Capitole.

---

[1] Du Paty. *Lettres sur l'Italie.*
[2] Visconti. *Mus. Pio Clem.* I pl. xiv, *Notice sur le Musée.*

Ce plâtre a été donné à l'Ecole des Arts, par feu M. Fr. Lucas, Professeur de sculpture.

194. Bacchus en repos.

Le fils de Jupiter et de Sémelé, paraît ici debout et sans vêtement, à l'exception de la *Nébride* ou peau de chevreuil qui descend en écharpe de son épaule gauche. « Son front, ceint du diadème dont il fut l'inventeur, est couronné de lierre. Ses cheveux tombent en boucles sur sa poitrine ; il appuie le bras gauche sur un tronc d'orme, autour duquel serpente une vigne dont il saisit une grappe, et son bras droit est nonchalamment ployé sur sa tête. »

195. Hercule vainqueur du dragon des Hespérides, ou l'*Hercule* du Palais Farnése.

« Son bras gauche est appuyé sur une massue : il tient derrière son dos, dans la main droite qui vient d'étouffer le dragon des Hespérides, trois pommes d'or. La sérénité sur le front, la majesté dans les traits, la paix de son âme et du monde dans ses sourcils abaissés, dans ses yeux de la rêverie, et le souris sur les lèvres.... Il n'y a pas dans tout ce marbre, dit du Paty, auquel nous empruntons cette description, il n'y a pas un coup de ciseau qui ne soit un trait de génie.... »

Sur la base on lit cette inscription grecque :

ΓΛΥΚΩΝ
ΑΘΗΝΑΙΟC
ΕΠΟΙΕΙ.

C'est-à-dire : *Glycon, Athénien, faisait.*

On a pensé que cette statue était une imitation d'un *Hercule* de Lysippe.

196. Le Torse du Belvédère.

On a cru reconnaître dans cet admirable reste d'une statue assise l'image d'*Hercule*, à l'instant où il s'est assis parmi les Dieux, après avoir laissé sur le Mont OEta, sa dépouille mortelle. On a cru aussi que cette figure était groupée avec celle d'*Hébé*, qu'*Alcide* épousa après avoir été admis dans l'Olympe. Le sculpteur anglais Flaxmann a tenté de restaurer dans ce sens la copie du Torse, et son essai a été couronné d'un succès complet.

On lit sur ce monument l'inscription suivante :

ΑΠΟΛΛΩΝΙΟΣ
ΝΕΣΤΟΡΟΣ
ΑΘΗΝΑΙΟΣ
ΕΠΟΙΕΙ.

Ce qui signifie : *Apollonius , fils de Nestor, Athénien , faisait.*

Quelques auteurs ont conjecturé que ce beau morceau, retrouvé à Rome, près du théâtre de Pompée, aujourd'hui *Campo di Fiore*, a été sculpté par *Apollonius*, à l'époque même où Pompée florissait à Rome, c'est-à-dire vers les derniers temps de la République.

197. Mercure, ou orateur Romain, représenté sous les traits du Dieu de l'éloquence.

Cette belle figure a passé pendant long-temps pour celle de *Germanicus*, fils de *Drusus* et d'*Antonia*, nièce d'Auguste; la coupe des cheveux indique à la vérité qu'elle représente un personnage romain; « mais ce ne peut être ce Prince, dit le savant Visconti, car elle ne lui convient, ni pour l'âge, puisqu'il mourut à 34 ans, ni pour les traits, que les médailles et autres monumens nous montrent très-différens. Un examen plus attentif de cette figure eût fait reconnaître son analogie avec celle de *Mercure*; et, si l'on eût observé le geste symbolique du bras droit, la chlamyde jetée sur le bras gauche et retenue autrefois par le caducée qui était dans cette main, la tortue enfin, consacrée à ce Dieu comme inventeur de la lyre, on eût conjecturé, peut-être avec plus de vraisemblance, que sous les formes et les attributs du Dieu de l'éloquence, l'ingénieux artiste a présenté les traits d'*un orateur Romain, célèbre par ses succès à la Tribune des Rostres.* » M. le comte de Clarac [1], loin de contre-

____

[1] *Notice sur la Vénus de Milo.*

dire l'opinion de Visconti dans l'ensemble de ses idées, leur a donné plus de force en les fortifiant par deux passages de Pline l'ancien, et par des observations suggérées par l'examen de cette belle figure. Il a cru y reconnaître l'image de *Marcus Marius Gratidianus*, préteur de Rome, l'an 667 de l'ère de cette ville, 87 ans avant J.-C. Ce magistrat fit rendre une loi qui établissait des vérificateurs des monnaies, et le peuple romain en témoigna sa reconnaissance en élevant à *Gratidianus* des statues dans tous les carrefours. M. de Clarac, croit que le beau monument que nous examinons est l'une de ces statues.

On lit sur le dos de la tortue une inscription grecque qui nous apprend que cette statue est l'ouvrage de Cléomènes, fils de Cléomènes, Athénien.

ΚΛΕΟΜΕΝΗϹ
ΚΛΕΟΜΕΝΟΥϹ
ΑΘΗΝΑΙΟϹΕ
ΠΟΙΗϹΕΝ.

198. Faune en repos.

La grâce qui règne dans toute cette figure, le nombre considérable de répétitions antiques qui en existent encore, et le faire de la *Nébride*, qui paraît plus propre à être exécutée en bronze qu'en marbre, ont fait conjecturer que la figure sur laquelle ce plâtre a été moulé, pourrait être une copie antique du *Faune* ou *Satyre de Praxitèle*, ouvrage en bronze, dont la réputation était telle dans toute la Grèce, qu'on le nommait par excellence *Periboétos* ou le Fameux.

199. Antinoüs.

Ce jeune favori d'Hadrien s'étant jeté dans le Nil, et ayant volontairement sacrifié sa vie pour prolonger celle de son maître, celui-ci touché d'un si rare dévouement, en éternisa la mémoire en lui élevant des statues et des temples, et en bâtissant en son honneur la ville d'*Antinoopolis*.

200. L'Hermaphrodite.

On connaît quelques répétitions antiques du célèbre

Hermaphrodite *Borghèse*, d'après lequel ce plâtre a
été moulé; l'on peut même penser que cette excel-
lente sculpture n'est elle-même qu'une imitation en
marbre d'un Hermaphrodite, en bronze, exécuté par
Polyclès et mentionné par Pline.

201. Le Tireur d'Epine.

C'est de son attitude que cette figure a pris la dénomination vulgaire sous laquelle elle est connue, parce
qu'en effet ce jeune homme assis semble occupé à
tirer une épine de son pied gauche. Mais Visconti
croyait y reconnaître plutôt un jeune Athlète vainqueur aux courses du stade. On sait en effet que
dans les jeux publics de la Grèce, des enfans exé-
cutaient entr'eux des courses à pied, et que l'usage
était d'honorer de statues les jeunes vainqueurs; la
nudité de celui-ci viendrait à l'appui de cette opinion.

202. Vénus de Milo.

Cette belle statue, trouvée vers la fin de février
1820 dans l'île de Milo, l'ancienne Mélos, ΜΗΛΟΣ,
et placée dans le Musée royal, a été considérée par
quelques savans comme une *Vénus victrix*, et l'on
a proposé de la restaurer en plaçant dans l'une de
ses mains une lance, et un casque dans l'autre. Sur
la partie conservée de la plinthe, on lisait cette inscription grecque :

ΑΝΔΡΟΣ... ΒΝΙΔΟ:.. :
ΟΧΕΥΣΑΠΟΜΑΙΑΝΔΡΟΥ
ΕΠΟΙΗΣΕΝ.

Sauf le premier mot, on peut la rétablir, et lire
comme M. de Clarac :

..... ΑΝΔΡΟΣ ΜΗΝΙΔΟΥ
ΑΝΤΙΟΧΕΥΣΑΠΟΜΑΙΑΝΔΡΟΥ
ΕΠΟΙΕΣΕΝ.

C'est-à-dire,.... andre, *fils de Ménidès, d'Antioche,
près du Méandre, a fait;* mais le nom du sculpteur
demeure encore inconnu. On connaît Alex*andre*,
Anax*andre*, Stes*andre*, Ters*andre*, etc., qui ont

cultivé la glyptique avec succès; mais il est difficile
de déterminer le commencement du nom gravé ici.

203. Vénus dite la *Vénus de Médicis*.

Cette statue représente la Déesse des amours, à l'instant
où elle sort de l'écume des mers, où elle a pris naissance. Elle n'a d'autre voile que la pudeur. Si sa
chevelure n'est pas flottante sur ses épaules divines,
c'est que les heures viennent de l'arranger (*Homère*,
hymn. IV). Un dauphin groupé avec une coquille
est à ses pieds : ce sont les symboles de la mer, de
laquelle Vénus est sortie. Les deux amours qui le
surmontent ne sont pas les enfans de la Déesse : l'un
d'eux est *Eros*, cet Amour primitif, ce Génie qui
débrouilla l'antique chaos; l'autre est le Désir, *Hi-
meros*, qui parut dans le monde en même temps que
le premier des êtres sensibles. Tous les deux virent
naître Vénus, et ils ne l'abandonnèrent jamais (*Hésiode*, Théog. v. 201). Selon l'inscription grecque
tracée sur la plinthe, cette admirable statue serait l'ouvrage de Cléomènes athénien, fils d'Apollodore, et
père, suivant des conjectures très-probables, de cet
autre Cléomènes auquel nous devons la statue de Mercure ou l'Orateur romain, si mal nommé Germanicus;
mais l'inscription est moderne. On croit cependant,
l'ancienne plinthe ayant été changée lors de la restauration de la figure, qu'elle présente une copie fidèle
des caractères gravés sur la première.

204. Diane en habit de chasseresse.

Diane est représentée ici comme Callimaque l'a
indiquée [1]. La biche de Cerynée est venue se réfugier
près de la Déesse : on sait que cette biche, à la ramure
d'or et aux pieds d'airain, avait été consacrée à Diane
par la nymphe *Taygète*, fille d'*Atlas*. Forcé par les
destinées d'obéir à Eurysthée, Hercule cherchait à
lui apporter cette biche à Mycènes; après l'avoir poursuivie en diverses contrées, il s'en empara au passage

---

[1] Hymn.

du Ladon ; mais Diane descendant du mont Artémision, lui enleva cette proie et le menaça même de ses traits.

205. Minerve colossale, dite la *Pallas de Velletri*.

L'original de ce sublime ouvrage est en marbre de Paros, et fut trouvé, en 1797, dans le territoire de Velletri, ville située à environ 10 lieues de Rome, parmi les ruines d'une maison de campagne. « Rien de mieux imaginé, dit Visconti que l'ample *Peplum* qui, formant une riche draperie autour de ses membres, retombe jusqu'à ses pieds ; les plis, artistement variés, en sont distribués tout-à-fait dans le goût de l'ancienne école grecque. La Déesse est coiffée de son casque, armée de l'égide, et elle a une pique à la main ; mais son air doux et son regard tranquille semblent indiquer assez que les études et les ornemens de la paix ne lui sont pas moins chers ni moins familiers que les combats. »

206. Silène portant dans ses bras Bacchus enfant, dit le Faune à l'enfant ; groupe.

Le nourricier de Bacchus fut son compagnon lorsque celui-ci alla faire la conquête des Indes. Silène est représenté, dans ce chef-d'œuvre, tenant dans ses bras le fils de Sémélé. Ce beau groupe, un des plus parfaits qui nous restent de l'antiquité, se recommande par l'élégance des formes. La tête de Silène est remplie de finesse, et d'une expression douce et aimable. Les jambes de cette figure classique sont citées comme des modèles ; une partie des bras est restaurée. C'est dans l'emplacement des fameux jardins de Salluste que fut trouvé, pendant le seizième siècle, ce beau monument.

207. Adonis.

La jeunesse et la grâce qui brillent dans cette figure ont pu lui faire donner le nom d'Adonis, de ce jeune chasseur qui fut si tendrement aimé de Vénus ; cependant, à l'exception du javelot qu'il porte dans sa main, et qui est de restauration moderne, aucun attribut ne peut suffisamment motiver cette dénomination. Au contraire, il existe plusieurs statues d'Apollon qui ressemblent à celle-ci par la pose, par le caractère et par la chevelure.

208. Apollon Lycien.

La pose de cette figure, qui est celle du repos, nous donne la certitude que l'artiste a voulu représenter Apollon Lycien. On sait que ce Dieu avait en Lycie un temple célèbre, où sa statue avait le bras levé et ployé sur la tête. Nous retrouvons ici la même attitude : le bras gauche est appuyé sur un tronc de laurier auquel est suspendu le carquois qui renferme les armes avec lesquelles il tua le serpent Pithon et perça les Cyclopes qui avaient forgé des foudres à Jupiter pour donner la mort à Esculape.

209. Génie suppliant.

Les anciens croyaient que le bon ou le mauvais Génie accompagnait les hommes, qu'il présidait à leur naissance, et était commis à leur garde. Cette figure représente, à ce que l'on croit, le bon Génie. Il est suppliant, il intercède en faveur de celui qu'il a pris sous sa protection. La grâce qui règne dans cette figure, les belles formes de l'adolescence, tout concourt à y faire reconnaître un Dieu jeune et bienfaisant.

210. Diane, dite de Gabies.

Le mouvement de cette charmante figure est plein de grâce ; la Déesse semble rattacher son *Peplum* ; elle est vêtue de la tunique d'étoffe légère, relevée au-dessus du genou, qui convenait à la Déesse de la chasse.

211. Euterpe.

Les deux flûtes que tient cette statue, et qui sont dues à une restauration, lui donnent le caractère d'Euterpe ; ses draperies sont très-belles et d'un grand caractère ; le pilastre qui lui sert d'appui est élégamment orné de branches d'olivier.

212. Faune dansant, statue.

Cette statue représente un Faune dansant; il tient sous le pied gauche la *Crupezia*, espèce d'instrument creux en forme de sandale, entre les semelles de laquelle il y avait des crotales ou castagnettes qui servaient à marquer la mesure. Les statues antiques nous offrent plusieurs Faunes dans cette attitude.

213. Polymnie, statue.

On s'est accordé à reconnaître dans cette figure la muse Polymnie. Elle s'enveloppe dans sa draperie, et s'appuie sur un des rochers de l'antre Corycium, ainsi appelé du nom des nymphes Corycidés qui l'habitent. Les draperies de cette belle figure sont traitées avec goût et finesse. La tête est couronnée des fleurs du Parnasse.

214. Héros, dit le Gladiateur combattant, statue.

Le héros est nu et dans l'action de combattre un ennemi à cheval. De son bras gauche, il lève le bouclier pour parer le coup qui le menace, tandis que de sa main droite armée, et étendue en arrière, il va blesser son adversaire. La pose de cette statue est admirablement calculée pour cette double action. On lit sur le tronc qui sert de support à la statue une inscription qui indique que ce monument a été sculpté par *Agasias* d'Éphèse, fils de *Dositheus*.

ΑΓΑΣΙΑΣ
ΔΟΣΙΘΕΟΥ
ΕΦΕΣΙΟΣ
ΕΠΟΙΕΙ.

215. Marc Aurèle Sévère Antonin, surnommé *Caracalla*, Buste.

Le frère et l'assassin de Geta est représenté par ce buste. Le regard cruel et farouche et le mouvement de la tête vers le côté gauche, le font ressembler parfaitement aux portraits que nous présentent les médailles de cet empereur.

216. Rome, buste.

La ville éternelle, la capitale du monde ancien, Rome, est ici représentée en Amazone. A l'imitation des femmes guerrières des bords du Thermodon, elle montre à découvert le sein droit. Elle est reconnaissable à son casque à petit bord, orné des deux côtés de la louve allaitant Romulus et Remus.

217. Ménélas, buste.

Cette tête de guerrier, désignée d'abord trop légèrement sous le nom d'Ajax, est celle de Ménélas. Elle faisait autrefois partie d'un groupe représentant ce monarque enlevant, du champ de bataille, le corps de Patrocle pour le rendre à la douleur d'Achille. Le mouvement en est très-expressif. Le frère d'Agamemnon semble appeler les Grecs à son secours pour soustraire aux vainqueurs le corps du héros qu'il tient dans ses bras.

218. Hippocrate, buste.

Le père de la médecine, Hippocrate, est ici représenté dans l'âge avancé auquel on sait qu'il est parvenu. L'authencité de ce portrait est fondée sur sa parfaite ressemblance avec celui qu'une médaille frappée à Cos, sa ville natale, nous a conservé.

C'est une tête classique d'un très-bon style.

219. Euripide, hermès.

Cet hermès offre les traits d'Euripide, l'un des plus célèbres poètes tragiques de la Grèce. Il naquit à Salamine l'an 480 avant Jésus-Christ, et mourut l'an 407 avant cette époque. Sa physionomie noble et sérieuse annonce un génie naturellement grave et profond. L'original, exécuté en marbre *pentélique*, est très-précieux par sa belle conservation.

220. Vénus d'Arles, buste.

Ce buste est ainsi nommé parce que la statue à laquelle il appartient fut trouvée dans la ville d'*Arles* en Provence. La tête, serrée par une bandelette qui tombe élégamment sur les épaules, est un modèle de grâce et de beauté.

221. Marc-Aurèle, buste.

Le fils adoptif d'Antonin Pie et son successeur à l'empire, Marc-Aurèle, est représenté par cette tête, qui est d'un très-beau caractère, et nous offre la parfaite ressemblance de ce prince.

222. Cérès, statue.

C'est à la restauration que sont dûs les attributs de Cérès donnés à cette statue ; mais il se pourrait qu'autrefois c'eût été une Junon. L'inscription qu'on lit sur la plinthe est moderne, et fait de cette statue une Livie. Quoi qu'il en soit, cet ouvrage est remarquable par l'ampleur et le beau jet des draperies. La déesse est vêtue d'une grande tunique relevée sur les hanches par une ceinture, et recouverte d'un *Peplus* et du *Pallium*.

223. Jeune fille romaine.

Cette statue paraît être le portrait d'une jeune fille ; elle décorait sans doute la maison paternelle ; peut-être était-elle placée dans un temple, par suite d'un vœu adressé à des divinités propices. Cet ouvrage, qui appartient aux beaux temps de l'empire romain, se recommande par la pureté et l'élégance du style, ainsi que par le goût avec lequel sont ajustées les draperies.

224. Métope de la frise extérieure du Parthénon.

Ce fragment, important par la manière large dont il est traité, nous fait voir un Centaure voulant arrêter une femme qui cherche à lui échapper. Cet ouvrage, exécuté dans l'école de Phidias, montre de quelle manière les anciens traitaient la sculpture architecturale. Celle-ci est de *haut-relief*, et presque de ronde-bosse. Les têtes et quelques parties ont été restaurées avec beaucoup d'intelligence et avec le sentiment de l'antique, par M. Lange, de Toulouse, sculpteur du Musée royal.

225. Autre métope du même édifice.

Il représente un Centaure qui cherche à terrasser un jeune homme ; on sait que les Centaures entraient dans la composition de la plupart des métopes qui

7

décoraient le temple consacré à la divinité tutélaire d'Athènes.

Plusieurs bas-reliefs du Parthénon, sous le même n.° Ils représentent une portion de la cérémonie des Panathénées.

226. Cérès, statue.

La dénomination de *Cérès*, donnée à cette statue, n'est fondée que sur les épis, que l'artiste, qui l'a restaurée, a placés dans sa main gauche. Tout porterait à croire que c'est plutôt la muse Clio, tenant autrefois un *volumen* au lieu d'épis. Cette charmante figure peut servir de modèle pour le goût, la vérité et la finesse de l'exécution des draperies.

227. Faune, buste.

Ce buste offre une grande correction, une expression fine et gracieuse, et un travail très-soigné.

228. Minerve, buste colossal.

Ce buste est la partie supérieure de la belle statue nommée la Pallas de *Velletri* qui est indiquée sous le numéro 205.

229. Vénus sortant du bain, statue.

La déesse née de l'écume des mers est représentée dans une attitude à la fois simple et élégante. Elle sort du bain et paraît occupée à se parfumer, en attendant les vêtemens qui doivent voiler ses charmes.

Cette figure est d'un bon goût de dessin et présente un ensemble gracieux.

230. Jupiter, masque.

De tous les monumens antiques qui nous présentent l'image du souverain des dieux, il n'en est aucun de plus imposant que celui-ci : c'est un des plus beaux fragmens de la sculpture grecque. Il élève la pensée et ravit d'admiration.

231. Démosthènes, hermès.

On reconnaît dans ce buste Démosthènes, le prince des orateurs grecs. C'est un des plus beaux portraits qui nous restent de cet écrivain célèbre ; il est plein de vérité et est d'un *faire* large et moelleux.

232. La joueuse aux osselets, statue.

La pose de cette statue est pleine de grâce et de naïveté ; les osselets avec lesquels cette jeune fille est occupée, et qui semblent captiver toute son attention, lui ont fait donner le nom de *joueuse aux osselets* sous lequel elle est connue. Un style pur et élégant, des formes gracieuses et naturelles, telles sont les qualités qui distinguent cette charmante figure.

233. Les Décius se dévouant pour la patrie, groupe.

Ce groupe a été nommé, peut-être assez mal à propos, d'après Périer et quelques autres, *le dévouement des Décius;* on sait qu'ils se dévouèrent aux Dieux infernaux pour faire triompher leur patrie. Près des deux personnages représentés ici on voit la statue de Cybèle.

234. Laocoon, buste.

Voy. la statue de ce nom.

235. Héraclide.

Né à Héraclée, ville du Royaume de Pont, ce Philosophe vint étudier à Athènes sous Platon, et ses succès furent si brillans, que lorsque Platon partit pour la Sicile il confia à Héraclide le soin de son école.

236. Silène, buste.

Cette tête, qui est la même que celle de la statue décrite sous le n.° 204, est remplie de finesse et de douceur.

237. Carnéades, hermès.

Ce buste en hermès représente le fameux philosophe grec, fondateur de la troisième Académie, celui qui fut envoyé par les Athéniens en ambassade à Rome, pour soutenir de son éloquence les intérêts de ses concitoyens.

238. Torse de femme.

Ce fragment de statue peut à tous égards partager la célébrité du torse de la Vénus connue sous le nom de

Médicis. On y retrouve la même finesse de contours, jointe à la beauté idéale des formes.

239. Cupidon, fragment.

Le fils de Cythérée, Cupidon, est représenté dans ce beau fragment. Nu et dans toute sa beauté, il est aisé de le reconnaître à ses cheveux longs et bouclés, à la grâce et à la finesse de sa physionomie, et à la douceur de son regard plein de modestie.

240. Lucille, buste.

Cette impératrice était fille de Marc-Aurèle, qui la donna à Lucius Vérus, son collègue.

241. Bas-relief égyptien qui était conservé à Carpentras. L'inscription gravée sur ce monument serait en caractères Phéniciens, selon l'abbé Barthelemy qui l'a traduite ainsi : « Bénie soit Thébé, fille de Thebhui, chargée des offrandes d'*Osiris*, et qui n'a point murmuré contre son mari. Elle fut pure et sans taches aux yeux d'*Osiris*, etc. ». M. Champollion donnerait peut-être une autre interprétation des caractères gravés sur ce monument.

ARTICLES OMIS

PARMI LES OBJETS ANTIQUES.

242. Tête en marbre blanc, environnée d'une coiffure orientale : il paraît qu'elle a fait partie d'une *Statue persique*. On sait par Vitruve (*Architect., lib. I.*), que les Grecs ont quelquefois, dans l'ordre dorique, remplacé les colonnes par des figures de ce genre. Cette tête, assez bien conservée, est d'un travail remarquable.

243. Autre tête, en marbre blanc, qui a pu appartenir à une *figure persique*, mais elle est d'une plus petite proportion que la précédente, et l'on peut remarquer, peut-être contre notre opinion, que ces têtes n'ont rien porté, leur sommet n'offrant pas de plan horizontal.

243 *bis*. Fragment d'une statue trouvée dans la Garonne, à Toulouse.

MONUMENS FRANÇAIS.

244. Bas-relief représentant deux femmes. Elles ont les jambes croisées et paraissent être assises. L'une tient un belier, et l'on voit au-dessus de sa tête les mots SIGNUM ARIETIS. Son pied droit est nu et appuyé sur une tête de lion; le gauche est chaussé et appuyé sur le couvercle d'un tombeau. L'autre femme tient un lion; les mots SIGNUM LEONIS sont gravés au-dessus d'elle. Son pied gauche est nu et repose sur une tête de lion; le droit est chaussé et placé sur un tombeau.

On a cru retrouver dans ce monument un emblême du cours du soleil. Le tombeau désigne la caisse dans laquelle *Osiris*, fut enfermé par *Typhon*, à l'époque où le soleil paraît avoir perdu sa force et sa chaleur. La tête de lion ceinte d'un diadème, sur laquelle repose le pied nu d'une des femmes, est l'image du soleil lorsqu'il commence à remonter vers les signes supérieurs, lorsqu'il quitte en quelque manière le tombeau. Le belier placé sur les genoux de la première femme représente le soleil dans le signe du belier, époque à laquelle il r'ouvre en quelque sorte le cercle de l'année, et s'unit à la Nature, ou à *Isis*, pour la féconder. *Isis* est ici désignée par la femme qui porte le belier. Le lion supporté par une autre femme indique l'époque des chaleurs solsticiales, lorsque le soleil, uni à l'*Isis* qui préside aux moissons, répand des torrens du feu dans l'espace. La tête de lion, dépouillée d'ornemens, sur laquelle le pied nu de cette seconde femme repose, annonce le temps où le soleil, atteignant le terme le plus court de sa carrière diurne, paraît prêt à s'ensevelir dans les ténèbres, ou dans le tombeau. Les pieds chaussés placés sur le cercueil indiquent peut-être que lorsque l'hiver fait sentir sa rigueur, lorsque le soleil est en quelque sorte plongé dans l'ombre du cercueil, on est forcé de se couvrir avec soin.

Ce bas-relief était placé sur l'ancien portail de l'église de Saint-Saturnin de Toulouse, et était au centre d'un calendrier tracé suivant le système de *Jules-César*; et c'est pour cela qu'on lit sur ce marbre : HOC FUIT FACTUM TEMPORE JULII CÆSARIS [1].

245. Bas-relief jadis placé aussi sur le portail de l'église de Saint-Saturnin. Il représente un épervier ayant une tête humaine environnée d'un nimbe et portant une crinière de lion : il foule aux pieds un monstre fantastique désigné par le nom de crocodile, *cocodrilus*, gravé près de sa tête.

Ce monument, entièrement composé dans le style égyptien, annonce le triomphe du Bon Principe, ou du Soleil, désigné par un épervier, sur le Principe des ténèbres, ou le Mauvais génie, ou *Typhon*, peint dans les temples de l'Egypte sous la forme d'un crocodile.

246. Fragment d'un bas-relief représentant *Antonius*, prétendu roi de Toulouse à l'époque où saint Saturnin vint prêcher dans cette ville. Pour réfuter cette opinion, puisée dans les légendaires, il suffit de faire remarquer que lorsque Saturnin arrosa de son sang les marches du Capitole de Toulouse, cette ville était sous la domination des Romains et n'avait point de Roi.

247. Fragment d'un bas-relief qui représente le martyre de saint Saturnin.

248. Niche dans laquelle on voit David accordant sa harpe.

249. Statue en marbre, qui représente un Roi. Sa main droite porte un vase ou *ampoule*, ce qui ferait penser que cette statue est celle de *Clovis*. La figure est adossée à une petite colonne.

250. Statue d'un saint Évangéliste. Cette figure est reconnaissable par le nimbe qui orne la tête, et par le rou-

---

1 *Monumens religieux des Volces*, pag. 242 et suivantes.

leau déployé tenu par la main droite. Elle était aussi
adossée à une petite colonne.

251. Statue d'une Reine, *idem*.

252. Statue d'un Prophète, *idem*.

    Ces deux figures ont beaucoup souffert.

253. Niche dans laquelle on voit la figure d'une Reine
ou d'une Princesse, sans doute de la première race. De
la main droite elle indique le ciel, tandis que de la
gauche elle tient un rouleau déployé. Ses cheveux,
partagés en longues tresses, tombent sur ses épaules.

254. Niche dans laquelle on voit la figure d'un saint
personnage. Un rouleau déployé est placé dans sa main
gauche.

255. Autre niche qui contient la figure d'un Roi qui
tient un rouleau.

256. Niche dans laquelle on a représenté un saint. On
peut présumer que c'est saint Jean l'Évangéliste.

257. Autre, qui contient un personnage tenant de la main
gauche un livre ouvert qu'il indique de la main droite.

258. Niche ornée de deux colonnes, l'une ronde, l'autre
octogone. On voit dans le milieu la Sainte Vierge
tenant l'Enfant Jésus.

259. Frise sur laquelle on remarque, dans des enroulemens de feuillages, un centaure décochant une
flèche contre une harpie, un coq dévorant un serpent,
et un homme armé d'une lance attaquant des oiseaux.

260. Autre, sur laquelle on voit, dans des enroulemens,
un chasseur décochant aussi une flèche contre un
oiseau d'une taille démesurée, plus loin paraissent un
homme et un cerf.

261. Autre, du même style : on y a représenté une
harpie, un satyre armé d'une hache, et un homme

perçant avec un poignard un dragon sur lequel il est monté.

262. Autre frise décorée d'enroulemens.

263. Autre frise du même genre.

264. Chapiteaux accouplés, sur lesquels on a représenté en plusieurs panneaux toute l'histoire de Job.

265. Chapiteau double. L'artiste y a sculpté des sujets de fantaisie, des chasseurs poursuivant des animaux féroces, etc....

266. Chapiteau double, orné d'enroulemens, dans lesquels on remarque des hommes et des animaux qui cueillent des pommes de pin.

267. Chapiteau double, décoré d'enroulemens de feuillages.

268. Chapiteau sur lequel on a représenté une histoire sainte.

269. Chapiteau sur lequel on voit Daniel dans la fosse aux lions.

270. Autre, qui représente d'un côté saint Michel terrassant l'esprit des ténèbres, tandis que les élus, guidés par un ange, marchent vers le palais du Père céleste. On voit de l'autre les démons précipitant les réprouvés dans une vaste chaudière environnée par des flammes.

271. Autre, sur lequel on voit des anges sonnant du cor. A ce signal, les morts sortent de leurs tombeaux, le Christ paraît dans sa gloire, et une croix triomphante brille dans les cieux.

272. Chapiteau double sur lequel paraît le Christ parlant à une femme à genoux; la tête de cette femme est environnée d'une auréole. On voit ensuite les saintes femmes qui vont au tombeau du Seigneur, et qui témoignent leur étonnement en trouvant le sépulcre vide.

273. Autre chapiteau dont les bas-reliefs rappellent différentes circonstances de la vie de Jésus-Christ.

274. Chapiteau double sur lequel on voit le Christ prêchant ; le Christ lié et emporté par des soldats, puis attaché à une colonne et flagellé.

275. Chapiteau dont le bas-relief représente le Christ porté au tombeau, un saint pleurant, etc....

276. Chapiteau double. On y a représenté plusieurs vaisseaux à rames. Dans l'un on remarque un Roi ; dans un autre, un Comite qui frappe de verges les rameurs. Dans la partie inférieure, on voit deux dragons.

277. Chapiteau double dont les bas-reliefs retracent plusieurs sujets tirés de la vie de Jésus-Christ.

278. Fragment d'un autre chapiteau sur lequel on a représenté l'entrée de Jésus-Christ dans Jérusalem, et le Christ arrêté dans le jardin des Oliviers.

279. Chapiteau orné des figures des quatre fleuves qui arrosaient le paradis terrestre, le *Phison*, le *Geon*, le *Tigre* et l'*Euphrate*.

280. Chapiteau dont le bas-relief représente saint Michel pesant dans une balance les bonnes et les mauvaises actions d'une âme. On remarque qu'elle est réprouvée ; déjà ses pieds sont devenus crochus, et derrière elle un démon étend un rouleau sur lequel on lit : IN IGNEM ÆTERNUM. On retrouve le même sujet dans les papyrus Égyptiens qui contiennent le Rituel funéraire ; on le voit aussi au-dessus des portes de plusieurs églises, à Notre-Dame de Paris, à Arles, etc.

281. Chapiteau formé par des oiseaux fantastiques.

282. Autre, *idem*.

283. Chapiteau sur lequel on voit un guerrier combattant un lion.

284 Fragment d'un autre chapiteau : on y a représenté la transfiguration de Jésus-Christ.

285. Chapiteau très-fruste ; le bas-relief représente une chasse.

286. Autre chapiteau ; il est orné de plusieurs traits d'histoire sainte , la mort de S. Jean , le festin d'Hérode , etc...

287. Chapiteau sur lequel on a sculpté des animaux tenant des instrumens de musique.

288. Fragment de chapiteau sur lequel on a représenté un musicien.

289. Chapiteau double , d'une petite dimension.

290. Chapiteau orné de plusieurs bas-reliefs , qui représentent différens traits de l'histoire du Christ.

591. Fragment d'un chapiteau sur lequel l'artiste s'était représenté lui-même sculptant un chapiteau. On doit regretter que ce morceau ait été mutilé.

292. Chapiteau placé autrefois dans un angle du cloître des Bénédictins de la Daurade.

293. Autre.

294. Autre.

295. Autre.

296. Autre , sur lequel on a représenté une femme peignant un enfant.

297. Chapiteau orné de lions sculptés en bas-relief.

298. Autre , *idem.*

299. Chapiteau double , orné d'enroulemens.

300. Chapiteau décoré de différens traits de l'histoire sainte.

301. Tailloir dont les bas-reliefs rappellent différentes scènes de la vie domestique , une école , etc...

302. Autre tailloir sur lequel on a représenté la toilette
d'un prince.

Les autres tailloirs que l'on a placés sur ces chapiteaux sont remarquables par leur variété, et serviront
à faire connaître en détail le genre d'ornement adopté
dans les compositions architecturales, pendant les temps
où la première et la seconde race régnèrent sur la
France.

Tous ces monumens, donnés au Musée, d'après
notre demande, par M. Boyer-Fonfrède, ont été
extraits du cloître du couvent des Bénédictins de la
Daurade, démoli en 1813.

303. Groupe en pierre, représentant en bas-relief deux
apôtres. On remarque un soin extraordinaire dans les
détails des ornemens et des vêtemens.

304. Autre groupe du même genre, et représentant
aussi deux saints personnages.

305. Autre groupe, dans le même style.

306. Autre, *idem.*

307. Figure seule, et qui était placée dans un angle;
c'est celle de l'apôtre saint Thomas. Cette figure,
quoique d'un style barbare, est faite néanmoins avec
beaucoup de soin. Aussi l'auteur a-t-il cru devoir se
faire connaître. On lit au bas de la statue l'inscription
que voici : GILABERTUS ME FECIT.

308. Figure autrefois placée dans un angle, ainsi que
la précédente, et représentant un saint qui tient un
livre ouvert.

309. Autre figure presque semblable.

310. Statue de l'apôtre saint André ; il tient un livre
dont la couverture est très-ornée. Cette figure servait
de pendant à celle où on lit GILABERTUS ME FECIT,
et l'on remarque au bas cette autre inscription : VIR
NON INCERTUS ME CELAVIT GILABERTUS.

311. Fragment d'un chapiteau sur lequel on a représenté

plusieurs saintes femmes. On voit que ce morceau a
été peint autrefois.

312. Chapiteau double, orné d'un bas-relief où l'on
voit des saintes et des saints portant des sceptres ter-
minés en fleur de lis, symboles de pureté. Ce morceau est d'un fini précieux. On remarque que sur l'un
des côtés les figures ne sont qu'ébauchées.

313. Chapiteau double sur lequel on a représenté une
femme richement vêtue, recevant d'un homme, somp-
tueusement habillé, quelques pièces d'argent; — un
personnage fléchissant les genoux devant un ange qui
lui apparaît; — la sainte Vierge tenant son divin Fils
sur ses genoux; — une femme très-bien vêtue, et
qui paraît effrayée en voyant un vieillard se soutenant
sur une béquille et un jeune homme près d'entrer,
suivant l'ordre que leur en donne un ange armé d'une
épée, dans un magnifique palais, sur le sommet duquel
on aperçoit une croix fleuronnée; — une femme lavant
ses longs cheveux à des torrens qui s'échappent du
sein des nuages; — Magdelaine pénitente et un saint
anachorète; — un autre anachorète ou moine tenant
d'une main un marteau, et soutenant de l'autre un corps
mort.

314. Chapiteau double, dont le bas-relief représente
Hérode témoignant sa tendresse à Hérodiade; —
un bourreau tranchant la tête à saint Jean-Baptiste,
et l'âme du saint martyr reçue dans les bras du Père
céleste; — un bourreau remettant la tête du saint à
une suivante; — celle-ci présentant la tête de saint
Jean-Baptiste à Hérodiade, qui la reçoit étant assise
à table avec Hérode.

315. Chapiteau placé jadis dans un angle de l'une des
chapelles du cloître de Saint-Étienne, et sur lequel
on a sculpté un personnage qui a un cornet appliqué à
chaque oreille.

316. Chapiteau dans le style des précédens.

317. Chapiteau dont le bas-relief représente le départ des
trois rois, leur arrivée, et les présens qu'ils offrent à
la Vierge et à son Fils.

Ces monumens proviennent de plusieurs chapelles
situées dans le cloître de Saint-Étienne.

318. Chapiteaux retirés des ruines du cloître de Saint-
Saturnin. On y voit des anges terrassant le démon.

319. Monogramme de Christ, semblable aux signes de
ce genre que l'on trouve sur les tombeaux des premiers
chrétiens. Celui-ci paraît dater du 13.me siècle, et
il provient de la forteresse que les Templiers avaient
bâtie à Valcabrère.

320. Autre monogramme de Christ. Il est accompagné
d'une inscription, et était placé au-dessus de la porte
de l'église des chevaliers de Saint-Jean de Jérusalem,
à Toulouse.

321. Statue sépulcrale de Bernard IV, comte de Comminges, tué près de Saint-Gaudens en 1150. Ce monument provient de l'église de l'abbaye de Bonnefont,
près de Saint-Martory.

322. Tombeau dont la face principale est ornée de
pampres et d'écussons chargés de six besans. Au milieu,
et dans un cadre circulaire, on remarque un guerrier
à cheval, l'épée à la main. La housse du cheval porte
aussi les mêmes armes.

323. L'ancien écu des armes de France, chargé de fleurs
de lis sans nombre.

324. Bas-relief qui représente la sainte Vierge soutenant
le Christ mort sur ses genoux. D'un côté, sainte Catherine tenant une roue et une palme, et saint Jean
tenant un livre ouvert sur lequel est couché un agneau;
— de l'autre, un saint portant un bouclier orné
d'une croix, et sous lequel est un enfant dont on ne
voit que la tête et les pieds; — un peu plus loin,
sainte Barbe tenant une tour dans sa main gauche,

et ayant la droite placée derrière la tête d'une femme agenouillée, tandis qu'en regard sainte Catherine paraît soutenir de même la tête d'un homme à genoux. On voit, dans le fond de ce monument votif, la croix et tous les instrumens de la passion.

325. Médaillon dans lequel on a représenté saint Michel terrassant l'esprit des ténèbres.

326. Autre, où l'on voit un agneau tenant une bande-rolle.

327. Autre, *idem*.

328. Tombeau en pierre, supporté par deux lions. Ce monument est décoré de sculptures. Sur la partie principale, on remarque l'âme du défunt que des anges transportent dans les cieux. La tête placée à la droite représente sans doute le père de l'individu auquel le monument était dédié, et la tête de femme, sa mère.

329. Tombeau en marbre, remarquable seulement par la manière dont il est intérieurement entaillé.

330. Statue de saint Jacques. Elle provient de la petite église des Cordeliers, bâtie par Jean de la Teissandière, évêque de Rieux.

331. Notre-Dame des Grâces.

332. Tombeau du docteur Bertrand, savant théologien.

333. Saint Jean et la Magdelaine soutenant la sainte Vierge, groupe en pierre.

334. Saint Michel vainqueur du mauvais génie, groupe en pierre.

335. Saint Sébastien, statue en pierre.

336. Saint Barthelemi, *idem*.

337. Tombeau et statue sépulcrale de Raymond de Falgar, ou de Miremont, évêque de Toulouse.

Cette statue était, jadis, recouverte d'une légère lame de cuivre et d'émaux, de dorures et de peintures : mais, long-temps avant les troubles civils, elle avait

perdu une grande partie de ces ornemens ; on lisait
sous ce monument l'épitaphe que voici :

Cujus erat fundus Mirus Mons hinc oriundus ,
Verbis facundus , magnus , sensusque profundus.
Ordo facit fratrem , fratrum provincia patrem ,
Mons-pessulanus ipsum de fratre Priorat ,
Sede Tolosanus cathedrali clerus honorat :
Virgo Maria Deï , præsentet hunc faciei ,
Ut sic fiat ei dic miserere mei.

Ce fut sous l'épiscopat de Raymond de Falgar, qui
était né dans le lieu de Miramont, ou de Miremont,
que l'inquisition fut établie à Toulouse.

338. Monument qui représente Raymond de Falgar
offrant à la sainte Vierge le plan en relief de l'église
des Dominicains de Toulouse.

339. Figures provenant de la chapelle des *Sept Dormans*,
à Saint-Saturnin.

340. Pierre sépulcrale d'un évêque inhumé dans la chapelle de Saint-Côme située dans le cloître des religieux
Dominicains.

341. Statue représentant Jean de la Teissandière, évêque
de Rieux, offrant à la Divinité le plan en relief de la
petite église des Cordeliers , bâtie à ses dépens.

342. Statue sépulcrale, en marbre gris, du même Jean
de la Teissandière. Ce monument est placé sur un
sarcophage en marbre de Caunes. Les statues placées
aux deux côtés de l'arc ogive représentent saint Jean
et la Magdelaine.

243. Tombeau trouvé à une assez grande profondeur
dans le sol sur lequel s'élève aujourd'hui la nouvelle
église de Sainte-Anne.

344. Statue de saint Louis, évêque de Toulouse. Ce
prélat était entré dans l'ordre de saint François, et il
en porte le costume.

Louis naquit en 1275. Il était fils de Charles II,
roi de Naples et de Sicile. Il fut donné, en 1288, en

ôtage, avec ses frères, pour son père, successivement prisonnier de Pierre, d'Alphonse III, et enfin de Jacques II, rois d'Arragon. Louis resta captif jusqu'en 1294; libre alors, au lieu de rechercher les plaisirs et de jouir des droits de sa naissance, il prit l'habit de saint François et reçut les ordres sacrés en 1296. Boniface VIII, le nomma à l'évêché de Toulouse, quoiqu'il n'eût point l'âge requis par les lois de l'église. Ses vertus lui attirèrent l'amour des peuples. Cependant, fatigué des devoirs de l'épiscopat, il voulut rentrer dans son cloître et ne s'adonner qu'à la contemplation et à la prière. Ayant, en conséquence, résolu de se démettre entre les mains du Pape, il partit, mais il mourut à Brignoles le 12 août 1298, âgé seulement de vingt-trois ans et demi. Le Pape Jean XXII le canonisa le 7 avril 1317.

345. Monument consacré aux troubadours de Toulouse. L'inscription qui y est placée est en langue romane, et rappelle les noms de ces poètes; les voici :

Pierre Raimond, le comte Alfonse Jourdain, Geraud le Roux, Nat de Mons, le comte Raimond V, Pierre Vidal, Dona Lombarda, Aymeric de Peguilhem, Pierre Guilhems, Guillaume Figueira, Geraud d'Espagne, Guillaume Amelier, Joyat, Bernard de Panassac, Guillaume de Lobra, Guillaume de Saint-Blancat, Pierre de Méjanaserra, Guillaume de Gontaut, Pierre Camo, Pons de Prinhac, Bertrand de Ronaix, Denis Andrieu, Martin de Mons, Astorg de Nalhac, Guillaume de Gaillac, Etienne Jaunhac, François de Morlas ou Morlanis, Jean Delpech, Jean Johannis, Bertrand Brousse, Antoine du Verger, Jean de Récaut, Thomas Loys, Pierre de Ruppé, Bertrand de l'Hôpital, Artus Donat, Pierre de Monlasur ou Monlasus, Clémence Isaure, et la dame de Villeneuve.

346. Statue de saint Paul.

347. Mausolée de Denis de Beauvoir, chevalier. La statue est couchée sur un mausolée en brèche violette. Les statues de la Vierge et de l'ange Gabriel, placées

aux extrémités du monument, représentent la saluta-
tion angélique.

Denis de Beauvoir mourut pendant le 15.e siècle.
Bienfaiteur du monastère des Cordeliers de la grande
observance, il fut inhumé dans le chœur de leur
église, et la statue placée ici ornait son tombeau. Les
religieux Bénédictins, auteurs du *Voyage littéraire*,
ont dit, 2.e partie, page 48, que l'on voyait le tombeau
d'un comte de Toulouse dans le chœur de l'église des
Cordeliers ; mais ils n'y ont vu que celui de Denis de
Beauvoir, monument élevé près de deux siècles après
l'extinction de la famille des comtes.

348. Statue d'un saint de l'ordre de saint François. Cette
statue était dans la petite église des Cordeliers, dite
de Rieux, ainsi que celle de saint Louis, évêque de
Toulouse.

349. Monument surmonté du buste de Guillaume Molinier, chancelier du corps des *Mainteneurs du gai
savoir*, et auteur de la *Poétique des Troubadours*,
publiée en 1356.

La tête du buste placé sur ce monument, faisait
partie de la statue sépulcrale de Guillaume Molinier,
qui était dans l'église de Saint-Pierre des Cuisines.
L'inscription que l'on a mise au dessous, est en
langue romane :

SOVENENSA

D'EN GUILHEM MOLINIERS

TROBADOR DE TOLOSA,

QUE DICTET LAS LEYS D'AMORS.

Ces *lois d'amours* dont il est question ici sont les
règles de l'art des vers. On conserve précieusement
dans les archives de l'Académie des Jeux Floraux, cette
curieuse poétique.

350. Pierre sépulcrale extraite du cloître des Dominicains.
L'inscription est en langue romane. On a représenté
sur ce monument le voile qui reçut l'empreinte de la
face de Jésus-Christ.

8

351. Epitaphe de Guillaume Garcias, décédé le 22 des calendes de septembre.

352. Epitaphe d'Arnaud de Samatan, chanoine, mort aux ides de décembre.

353. Inscription sépulcrale de Galbertus, mort le 4 des nones de juin.

354. Inscription sépulcrale de Guillaume Pierre, décédé le 4 des calendes de décembre.

355. Epitaphe très-fruste.

356. Epitaphe de...... de Mois.....

357. Epitaphe de N..... Flammaria.

358. Epitaphe de Bernard de Gradac, mort aux calendes d'octobre.

359. Inscription placée jadis dans la chapelle de saint Jacques de l'église des Cordeliers. Cette chapelle fut construite aux dépens d'Arnaud Martin, négociant, habitant de Toulouse.

360. Inscription sépulcrale de Pierre Gaycies.

361. Inscription sépulcrale (elle est gravée sur une brique) de Raimond de Pena, chanoine de Saint-Etienne, mort le 10 des calendes d'avril.

362. Fragment de l'épitaphe (gravée sur brique) de Bernard Raimond, chanoine de Saint-Etienne, décédé aux calendes de juillet.

363. Epitaphe de Pons, camérier et chanoine de Saint-Saturnin, décédé le 7 des calendes de mars.

364. Inscription jadis placée sur le tombeau d'Adalbert de Saint-Daunin, et de Bernard son fils.

365. Inscription encastrée autrefois dans le mur de la chapelle de saint Barthelemi, dans l'église des Cordeliers. Cette chapelle avait été bâtie aux frais de Guillaume Pons, marchand de bois, né à Toulouse.

366. Inscription sépulcrale de Pierre, chapelain et chanoine de Saint-Etienne.

367. Epitaphe d'Ademard d'Argelers, FAMILIER de l'église de Saint-Gaudens.

368. Monument provenant de l'église de Saint-Christau, village du département du Gers : l'inscription est en langue romane, et conserve le souvenir d'une fondation pieuse faite par Pierre de Monlaur, pour son père et pour sa mère. Ce monument a été donné au Musée par les descendans de celui qui l'éleva.

369. Epitaphe de Bernard, habitant de Saint-Gaudens. Dans le haut de la pierre on voit le monogramme de Christ.

370. Pierre sépulcrale de Bernard At, de Gardouch.

371. Epitaphe d'Athon Coggalnis, mort le 4 des ides de juin.

372. Pierre sépulcrale de Bernard, chanoine de Saint-Etienne, mort l'an 1161, le 7 des ides de septembre.

373. Epitaphes de Jean de Curtasola, chanoine laïque, mort en 1198; de Bruno de Garigiis, chanoine, mort en 1199, et de B. de Garigiis, mort en 1207.

374. Epitaphe d'Alamande, épouse de Guillaume de Châteauneuf, chanoinesse de Saint-Etienne, morte le 6 des calendes de janvier 1223. Son écusson est chargé de la croix des comtes de Toulouse, et celui de son mari, d'un château à trois tours.

375. Epitaphe de Calven, chanoine de Saint-Saturnin, décédé en 1230.

376. Epitaphe de Raymond de Sellis, prêtre, prieur de Saverdun, chanoine de Saint-Saturnin, mort en 1235.

377. Pierre sépulcrale de Bertrand de Toulouse, chanoine, mort en 1246.

378. Epitaphe de Pierre de Prulhac, chanoine laïque, mort en 1250.

379. Inscription sépulcrale de Bertrand de Villeneuve,

FAMILIER de l'église de Saint-Etienne (*familiari istius loci*), décédé en 1251.

380. Epitaphe de Guillaume de Thola, ou de Tholosa, chanoine et ouvrier *(operarius)* de l'église de Saint-Etienne, mort en 1251.

381. Inscription sépulcrale de François de Monts, prieur d'Artigat et chanoine, mort en 1251.

382. Epitaphe d'Arnaud de Rufus, chanoine de Saint-Saturnin, mort aux calendes de mars de l'an 1251.

383. Epitaphe de Raymond Caruger, prêtre et chanoine de Saint-Etienne, décédé en 1255.

384. Epitaphe de Roger Comminges, précenteur et chanoine, décédé en 1258.

385. Epitaphe d'Amélius de Sanars, chanoine, mort la même année que le précédent.

386. Pierre sépulcrale de Raimond de............., mort en 1258.

387. Epitaphe d'un chanoine de Saint-Saturnin, mort aussi en 1258.

388. Epitaphe de Bernard de Succo, chanoine de Saint-Saturnin, mort le 10 des ides de novembre de l'an 1261.

389. Inscription tumulaire de B. de Punte, chanoine, décédé le 6 des nones d'octobre 1262.

390. Epitaphe de B. de Crozillis, précenteur et prieur claustral, décédé le 8 des ides de septembre 1265.

391. Inscription tumulaire de Bertrand de Villeneuve, chanoine, mort en 1268.

392. Pierre sépulcrale d'Aymeric, chanoine, chancelier et ouvrier de l'Eglise de Toulouse, mort le 16 des calendes d'août 1282. On a sculpté sur ce monument le Christ dans une gloire et tenant le globe du monde; à sa gauche, Aymeric présenté par son ange gardien; à droite, l'âme d'Aymeric, sous la forme d'un enfant,

est offerte au Seigneur par un ange : dans la partie
inférieure du monument, Aymeric est représenté mort.

393. Epitaphe de Raimond de Barthe, grand chapelain
et chanoine, mort en 1233, le 6 des ides d'avril.

394. Epitaphe d'Arnaud Ruppé, chanoine, décédé le
3 des calendes de septembre 1292.

395. Inscription tumulaire placée sur la sépulture de
B. de Cazeneuve : dans le même tombeau reposait Mas-
carosa, fille de Cazeneuve, morte en 1296.

396. Epitaphe de Dominique de Orda, hypothécaire du
lieu de Valcabrère en Comminges, mort le 9 des
calendes de septembre l'an 1311. Ce monument a été
donné par M. Dassieu, habitant de Valcabrère.

397. Inscription sépulcrale d'Arnaud Cavalier, chanoine, mort en 1320. Ce personnage est représenté
sur le monument.

398. Epitaphe de B. de Alava, mort en 1330.

399. Epitaphe de Geraud de d'O......., chanoine, décédé
en 1331.

400. Pierre tombale sur laquelle est représenté Jean
dit l'Évêque, mort le 1.er avril 1343. Cet individu,
était portier ou concierge du palais de la *nouvelle* cour
royale de Toulouse.

401. Pierre tombale sur laquelle est sculptée la figure de
Pierre de Cuguran.

402. Autre pierre tombale sur laquelle on voit l'image
de Guillaume Jean de Montastruc, décédé en 1360.

403. Epitaphe de Jean de Malhac, bourgeois, on ancien
Capitoul de Toulouse, mort le 19 novembre 1388.

404. Pierre sépulcrale de Jean de Cardaillac, Archevêque
de Toulouse. Il était issu d'une des plus anciennes
familles du Quercy. « Il fit à Toulouse ses premières
études et y professa ensuite le droit civil. Il entra peu

de temps après dans les ordres sacrés, et son mérite attira sur lui les regards de Clément VI, qui le nomma en 1331 évêque d'Orensé en Galice. Il fut transféré, en 1371 à l'archevêché de Braga en Portugal. Grégoire XI lui conféra le titre de patriarche d'Alexandrie, et le fit administrateur du diocèse de Rodez. Cinq ans après il lui donna l'administration perpétuelle de l'archevêché de Toulouse. » Ce fut ainsi, dit M. le Baron de la Mothe-Langon, que par des bienfaits et des dignités accumulées, les Papes qui l'employèrent en nombre d'occasions, récompensèrent son attachement aux intérêts du saint Siége. Jean de Cardaillac ne se montra pas moins sujet fidèle et dévoué au trône français. La paix entre la France et l'Angleterre ayant été rompue en 1368, Jean de Cardaillac qui habitait alors Cahors, dont l'un de ses frères était évêque, monta en chaire dans la cathédrale, et là, inspiré par les plus nobles sentimens, il se servit des moyens que la religion lui fournissait pour enflammer le peuple, pour le convaincre de la légitimité des droits du Roi de France sur le Quercy, et pour engager les citoyens à se soustraire au joug de l'Angleterre. Ce discours véhément et plein de raison, produisit son effet. Les habitans de Cahors se soulevèrent ; les étendards anglais furent précipités aux pieds des remparts, et l'on jura entre les mains de Jean de Cardaillac, obéissance au Roi Charles V, alors régnant. Ce succès ne suffisait pas au courageux Prélat : il poursuivit sa généreuse entreprise dans tout le Quercy. Il passa de Cahors dans les autres villes de la Province qui lui ouvrirent leurs portes, et il fit tant par ses prédications qu'il arracha soixante places ou forteresses à la domination anglaise. » Il mourut le 7 octobre 1390. « Son tombeau, dit Catel, est le troisième en ordre du côté de l'épître. » Voici l'inscription qui y fut gravée et qu'on ne lit plus qu'avec difficulté. HIC EST SEPULTUS IN XPO (*christo*) DOMINUS, DOMINUS JOANNES DE CARDALHACO, DEI GRATIA PATRIARCHA ALEXANDRINUS, ADMINISTRATOR PERPETUUS ET ARCHIEPISCOPATUS TOLOSANI, QUI OBIIT DIE VII MENSIS OCTOBRIS

ANNO DOMINI M. CCC. XC. CUJUS ANIMA REQUIESCAT IN PACE AMEN.

405. Épitaphe de Guillaume d'Isaure (G. de Isaur.), chevalier, mort le 5 novembre 1402. Ce monument provient de l'ancien cloître de l'église de la Daurade. C'est une simple brique, comme les monumens rapportés ici sous les n.ᵒˢ 361 , 362. Elle prouve l'existence de la famille des *Isaures*, niée par des personnes qui n'avaient pas fait d'assez profondes recherches.

406. Monument de Pierre de Saint-Martial , archevêque de Toulouse , mort le 1.ᵉʳ décembre de l'an 1401. L'inscription gravée sur cette pierre sépulcrale doit être lue ainsi :

Anno Domini M. CCCC. I. *die prima decembris, obiit reverendissimus in Christo Pater Dominus Petrus de Sancto Martiale, archiepiscopus Tolosanus egregius doctor, cujus anima in pace requiescat cum..... Dei in perpetuum. Amen. Pater noster et Ave Maria dicant omnes devote. Amen.*

407. Pierre sépulcrale de Vital de Castelmaur, archevêque de Toulouse, mort dans cette ville le 1.ᵉʳ août 1410. Voici l'inscription gravée sur sa tombe :

Hic jacet sepultus recolendæ memoriæ reverendissimus in Christo Pater Dominus , Dominus Vitalis de Castro Maurono, decretorum eximius professor, divinâ gratiâ archiepiscopus Tolosanus , qui prius fuerat præpositus istius Ecclesiæ , qui obiit 1 die mensis augusti anno Domini M. CCCC. X.

408. Monument sépulcral sur lequel on a représenté (gravé en creux) Pierre du Moulin , archevêque de Toulouse. Ce prélat fut d'abord juge d'appeaux , et maître des requêtes. Il occupa aussi la place de garde du sceau et de vice-chancelier pour le roi en Languedoc, lorsque Charles VII, par son édit daté de Saumur, le 11 octobre 1443, eut établi à Toulouse le parlement, déjà donné à cette province en 1419, et

supprimé en 1428. Ce parlement fut installé le 7 avril 1444, par du Moulin et le célèbre Jacques Cœur. Denis du Moulin, frère du premier, avait occupé le siége archiépiscopal de Toulouse depuis 1422 jusqu'en 1439, époque à laquelle il fut nommé évêque de Paris. Son frère lui succéda dans la capitale du Languedoc. Il fit embellir le palais destiné à sa demeure, et construire à ses frais le grand portail de l'église de Saint-Etienne, où l'on plaça la statue de son frère et la sienne. Ce prélat aimait les lettres, et composa plusieurs ouvrages qui ne sont point parvenus jusqu'à nous. Il paraît que dans le nombre il y avait quelques poésies. La maladie contagieuse qui ravageait Toulouse en 1451, força ce prélat d'aller chercher un asile dans le château de Balma ; mais il y trouva la mort le 3 octobre de cette année. Voici l'épitaphe gravée sur son tombeau :

HOC QUIESCIT TUMULO URBIS TOLOSÆ DIGNISSIMUS ARCHI-PRÆSUL PETRUS DE MOLENDINO, NOBILIS GENERE, ARTIUM MAGISTER, UTROQUE JURE LICENTIATUS..... AC LINGUÆ OCCI-TANÆ REGIS VICE CANCELLARIUS ET POETARUM MONARCHA, QUI ANNO DOMINI M. CCCC. LI. DOMINUS IN XPO (*Christo*) TERTIA OCTOBRIS BEATO FINE QUIEVIT.

409. Monument sépulcral d'Aynard de Bletterens. Ce magistrat fut nommé premier président du parlement de Toulouse en 1444, et il exerça cette charge jusqu'à sa mort, arrivée le 10 janvier 1449. Le monument placé sous ce numéro provient de l'église des Dominicains.

410. Epitaphe ou pierre sépulcrale de Guillaume Saralha, notaire de l'officialité de Toulouse. Ce monument lui était commun avec Huguette son épouse. Saralha mourut en 1463 ou 1464.

411. Pierre sépulcrale de Bernard du Rosier ou de *Rosergio*, archevêque de Toulouse, comte ès lois, etc. Il naquit dans cette ville selon Nicolas Bertrand, ou au Mas-de-Saintes-Puelles, en Lauraguais, suivant

Guillaume Benoît. D'abord chanoine de la métropole, il fut successivement évêque de Bazas en 1448, et transféré en 1450 sur le siége de Montauban. Après la mort de Pierre du Moulin, il fut nommé archevêque de Toulouse par le chapitre de cette métropole. Il composa plusieurs ouvrages qui étaient conservés dans la bibliothèque du chapitre, et engagea frère Etienne de Ganno, religieux cordelier, à écrire l'histoire de Toulouse. Il mourut le 18 mars 1474. L'inscription placée sur son tombeau doit être lue de la manière suivante :

HIC JACET REVERENDISSIMUS IN CHRISTO PATER DOMINUS BERNARDUS DE ROSERGIO, ARCHIEPISCOPUS TOLOSANUS, UTRIUSQUE JURIS DOCTOR, ET IN SACRA PAGINA MAGISTER, QUI OBIIT TOLOSÆ XVIII MARTII ANNO DOMINI M. CCCC. LXXIIII CUJUS ANIMA IN PACE REQUIESCAT. AMEN.

412. Statue sépulcrale et couchée d'un évêque. Ce monument, qui n'occupait point sans doute, à une époque reculée, la place où on le voyait naguères dans le chœur de l'église de Saint-Etienne, n'est accompagné d'aucune inscription qui puisse faire reconnaître ce prélat. Catel n'a pas fait mention de ce monument dans le chapitre de ses *Mémoires sur le Languedoc*, où il parle des évêques et des archevêques de Toulouse. On doit remarquer que cette statue ne porte que la crosse et non point la croix archiépiscopale, ce qui paraît devoir placer le prélat dont elle offre l'image dans la classe des évêques. Mais alors même que l'on ne s'arrêterait pas à cette distinction, il serait encore assez difficile de déterminer quel est ce personnage. Le style et le travail indiquent que le monument n'a pu être sculpté que dans les 13.ᵐᵉ, 14.ᵐᵉ ou 15.ᵐᵉ siècles, et ce ne sera que pour ne laisser aucune recherche à faire à ce sujet, que nous étendrons notre examen jusque dans le 16.ᵐᵉ

Après la mort de Fulcrand, arrivée dans l'année 1200, on sait qu'un schisme divisa l'église de Toulouse, et que deux portions du chapitre nommèrent chacune un évêque. Raymond Arnaud fut bientôt dépossédé ; Raymond de Rabastens fut déposé en 1205. Le célèbre

Foulques, qui succéda à ce dernier, reçut les honneurs de la sépulture dans l'Eglise de l'abbaye de Grandselve. Raymond de Falgar a été enseveli dans l'église des Dominicains ou *Frères prêcheurs*. Bertrand II était de la famille des seigneurs de l'Isle-Jourdain, et portait les mêmes armes que les comtes de Toulouse, c'est-à-dire, *de gueules à la croix cléchée, vidée et pommetée d'or* [1]. Hugues Mascaron avait son tombeau dans l'église des Dominicains. Saint Louis de France mourut à Brignoles, et son corps, transporté à Marseille, fut ensuite enlevé par les Arragonais. Les armes sculptées sur ce monument suffiraient d'ailleurs pour montrer que l'on n'a point voulu représenter cet évêque. Arnaud Roger de Comminges portait l'écu bien connu de sa famille. Le cardinal Pierre de la Capelle-Taillefer passa, vers 1305, du siége de Toulouse à celui de Palestrine. Gaillard de Preissac fut nommé à l'évêché de Riez, qu'il n'accepta pas, lors de l'érection de Toulouse en métropole.

Nous avons épuisé la liste des évêques pendant le 13.me siècle et le commencement du 14.me, et cependant nous n'avons trouvé aucun prélat auquel on puisse attribuer ce monument.

En recherchant parmi les archevêques, bien que les insignes portés par la statue ne paraissent indiquer qu'un évêque, nous ne serons pas plus heureux.

Jean de Comminges étant de la même famille que Arnaud II, est par cela même exclu du nombre de ceux pour lequels ce monument aurait pu être fait, puisque les armes que l'on y remarque sont différentes de celles de la maison de Comminges ; d'ailleurs, Jean de Comminges se démit en 1328. Guillaume de Laudun en fit autant en 1345 ; Raymond de Canillac quitta aussi le siége en 1350. Etienne Audebrand ou Aldebrandi vint ensuite, et nous n'avons pu retrouver son écusson. Il en est de même pour Gaufrid de Vayro-

---

[1] *Dictionnaire généalogique et héraldique*, II, 355.

les [1]. Nous avons le monument de Jean de Cardaillac, et l'on sait que l'écu de sa famille est *de gueules au lion armé, lampassé et couronné d'or, à l'orle de treize besans d'argent* [2]. François de Conziè renonça à l'archevêché de Toulouse, vers 1392. Nous avons les monumens de Pierre de Saint-Martial et de Vital de Castelmaur. Rien n'indique que ce soit celui de Dominique de Florence, qui avait cependant un tombeau dans l'église de Saint-Étienne, tombeau sur lequel on lisait une inscription que Catel ne rapporte pas, mais dont il fait mention. Denis du Moulin fut transféré sur le siége de Paris. Pierre du Moulin, son frère et son successeur, avait une tombe plate que nous possédons encore. Nous avons aussi un monument du même genre consacré à Bernard de Rosergio ou du Rosier. Pierre Dulion, successeur de celui-ci, avait des armes bien différentes de celles qu'on voit sur le monument qui nous occupe. Hector de Bourbon ne peut être compris dans le nombre de ceux sur les signes héraldiques desquels on peut former quelques doutes. Ce prélat ferme la liste des archevêques de Toulouse pendant le 15.me siècle.

Si, oubliant les rapides progrès des arts à Toulouse dans les premiers temps de leur renaissance, nous cherchons parmi les prélats qui ont tenu le siége de cette ville jusqu'en 1600, nous n'en trouverons aucun à qui l'on puisse attribuer ce monument funéraire. En effet, l'écu du cardinal Jean d'Orléans, qui occupa le siége depuis 1502 jusqu'en 1533, et qui a donné son nom à l'un des piliers de l'église de Saint-Étienne, était bien différent de celui qui parait sur ce marbre. Gabriel de Gramont, qui succéda au cardinal d'Orléans, portait *d'or au lion d'azur, armé et lampassé de gueules* : il fut enseveli dans l'église collégiale de Bidache. Odet

---

de Coligni céda son archevêché. Antoine Sanguin, nommé le cardinal de Meudon, parce qu'il était seigneur de ce lieu, et qu'il en fit commencer le château, mourut à Paris en 1559. Ses armes étaient *d'argent à la croix endentée de sable, cantonnée de quatre merlettes de même.* Le cardinal George d'Armagnac renonça à l'archevêché de Toulouse en 1577. La statue sépulcrale qui nous occupe n'est point celle du célèbre cardinal Paul de Foix, mort en 1584; les armes de sa maison sont trop connues pour qu'on puisse les confondre avec celles qui sont sculptées sur ce monument. Enfin, François de Joyeuse, qui est le dernier prélat de Toulouse pendant le 16.e siècle, ne mourut point dans cette ville. Ainsi, le 16.e siècle ne fournit aucun archevêque de Toulouse auquel on puisse attribuer ce monument, dont le style et le travail annoncent d'ailleurs une époque bien antérieure à la renaissance des arts.

Sur leurs monumens, les archevêques Pierre du Moulin et Bernard du Rosier ont chacun leur croix archiépiscopale; ainsi on ne peut croire que l'on eût donné une simple crosse à un archevêque. Il faut donc reléguer le monument placé sous ce n.° parmi les statues des évêques, et nous avons vu qu'il ne peut représenter l'un de ceux qui, pendant le 13.e siècle, occupèrent le siége de Toulouse. Si l'on suppose donc qu'il fut évêque de cette ville, il faudrait le placer dans le 12.e siècle. Enfin, on pourrait conjecturer, si on ne le retrouvait point à cette dernière époque, qu'il posséda un autre diocèse, et que, mort à Toulouse, il y reçut les honneurs de la sépulture; ou encore que ce marbre recouvrait le tombeau d'un abbé, portant à l'ordinaire et la mitre et la crosse.

413. Inscription sépulcrale qui date de l'an 1500..... Elle est en langue romane, et fut découverte dans les fondemens de l'hospice; elle a été donnée au Musée par M. Barrau.

414. Autre inscription sépulcrale en langue romane.

415. Épitaphe de Mathurin de Villa, curé d'Odars,
    mort en 1504.

416. Bas-relief qui représente deux Saints, protecteurs
    de Toulouse, soutenant un écu sur lequel on voyait
    les armes de cette ville. Ce monument était placé
    au-dessus de la porte de Matabiau, démolie en 1825.

417. Bas-relief beaucoup plus moderne, et qui était aussi
    placé au-dessus de l'arc ogive de la porte de Matabiau.
    Ce monument, qui date de l'époque de la renaissance,
    représente deux anges supportant un médaillon rayon-
    nant, surmonté de la couronne d'épines du Sauveur,
    et ayant autrefois au milieu le monogramme de J. C.;
    les pilastres qui soutiennent l'entablement sont ornés
    des instrumens de la passion figurés en bas-relief. On
    voyait des monumens semblables au-dessus des portes
    de Saint-Michel et de Saint-Étienne. Ils furent tous
    placés vers l'an 1517.

418. Débris des ornemens d'une porte de l'hôtel de ville.
    Les sculptures sont de Bachelier.

419. Statue en albâtre de Guillaume Briçonnet, cardinal,
    ministre d'état et archevêque de Narbonne.

    Ce monument est d'un très-bon travail. Arraché
pendant la révolution de l'église cathédrale, bâtie sous
l'invocation de saint Just, il a été acquis pour la ville
de Toulouse en 1822, et transporté peu de temps
après dans le Musée.

    Guillaume Briçonnet naquit à Tours de Jean Bri-
çonnet et de Jeanne Berthelot. Il se maria, étant encore
très-jeune, à Raoulette de Beaune, et en eut deux fils.
Après la mort de son épouse, il entra dans les ordres
sacrés, et fut d'abord évêque de Saint-Malo, puis de
Nîmes, et archevêque de Reims. Ses talens l'appelèrent
à la cour, et ayant acquis la confiance entière de
Charles VIII, il engagea ce monarque à entreprendre
la conquête du royaume de Naples, expédition glorieuse
sans doute, mais imprudente peut-être. Élevé à la dignité de cardinal, sous le titre de Sainte-Pudentiane,

il parut avec éclat dans le concile de Pise, et se montra fort opposé aux prétentions de Jules II. Aussi fut-il cité à Rome et privé de la pourpre ; mais Léon X lui rendit cette haute dignité. Il sacra Louis XII à Reims, et fut dans la suite placé sur le siége de Narbonne. Zélé pour la gloire de la France, ami des gens de lettres et des artistes, il fut loué par tous ceux qui surent apprécier son mérite et ses grandes qualités. Le Feron l'appelle *Oraculum regis, regni columna.* Il mourut le 4 décembre 1514, et fut inhumé dans le chœur de l'église de Saint-Just, à Narbonne, où sa famille lui fit élever un tombeau décoré de bas-reliefs en albâtre. Les auteurs remarquent que ses deux fils, qui parvinrent dans la suite l'un à être évêque de Meaux, l'autre de Lodève, lui servirent, à la messe, l'un de diacre, l'autre de sous-diacre. Le cardinal Briçonnet avait, selon la mode du temps, plusieurs devises. La première, en français, n'avait que trois mots : *L'humilité m'a exalté.* La seconde, aussi courte, était en latin : *Ditat servata fides.*

420. Petite statue en pied du cardinal Briçonnet. Elle provient aussi de l'église de Saint-Just de Narbonne.

421. Épitaphe de Cunona Volpilhaga, morte en 1530.

422. Cette inscription était placée dans la chapelle dite du St. Sépulcre, dans l'Église des religieux Trinitaires. Les sculptures qui la décoraient, et qui étaient dues au talent de Bachelier, ont été brisées en 1793.

423. Inscriptions extraites du collége de Saint-Martial.

424. Statue sépulcrale, en marbre blanc, de Roger de Sarrieu, Mestre de camp général des bandes de l'infanterie française, décédé dans son château de Martres l'an 1576.

Roger de Sarrieu, que quelques écrivains du 16.me siècle nomment Sarrion et Sarrion, se distingua par une grande bravoure et par des talens militaires peu communs. Brantôme le vit capitaine des gardes du roi, avec le grade de mestre de camp. « Ceste charge

» estoit si honorable, dit cet auteur, que venant à
» commander à une autre plus grande, on ne vouloit
» jamais s'en démettre. » Lorsque M. de Strozzi partit
pour aller au secours de Malte menacée d'un siége par
les Turcs, ce colonel des gardes, « après avoir rassemblé
» tous ses capitaines, et leur avoir dit l'intention de
» son voyage et sa volonté pour commander en son
» absence, il avisa, tant par sa nomination que par
» l'élection et par le consentement de tous ses capi-
» taines, que le capitaine Sarrion, le plus vieux et le
» plus pratic de tous, commanderoit en son absence,
» et non sans raison, car il estoit tel et fort homme de
» bien et d'honneur appartenant à M. le mareschal de
» Termes. » Dans un autre passage, Brantôme, après
avoir vanté la bravoure de du Gouas, ajoute : « Feu
» M. de Guise l'estimoit fort, comme M. de Sarrion,
» autre mestre de camp, lequel, pour estre parent de
» M. de Termes, le suivit en Corsegue, et là servit
» son roi et son général. A le voir, on l'eust pris
» pour un homme fort rustaud ; mais estant en
» guerre, il sçavoit aussi-bien commander, conseiller
» et exécuter que pas un de ses compagnons que j'ai
» dit ci-dessus, et estoit un très-homme de bien et
» d'honneur. »

Zélé catholique, Roger de Sarrieu fut chargé, pendant plusieurs années, de la défense de cette partie du
Comminges dont ses terres étaient voisines, et il en
repoussa toujours les protestans. Sa famille subsiste
encore, et l'un de ses descendans est officier supérieur
dans le corps de l'artillerie légère.

Cette statue décorait le mausolée des Sarrieu dans
l'église de Martres. Renversée pendant la révolution,
elle avait été recueillie et placée près de l'une des portes
du château. M. Thebé, propriétaire du domaine pos-
sédé autrefois par Roger de Sarrieu, a fait don de ce
monument au Musée de Toulouse, voulant conserver
ainsi un monument historique, et consacrer en quelque sorte, dans un lieu public, le souvenir d'une famille qui a mérité par ses services militaires une juste
illustration.

425. Epitaphe, en vers français, de M. Faure, prieur de la Roque, mort en 1569.

426. Epitaphe et monument de M. de Vignaulx, conseiller au parlement, mort en 1591.

427. Epitaphe de C. Robond, chanoine, qui cessa de vivre en 1567.

428. Inscription en l'honneur d'Antoine Ortet, qui, en 1593, institua la ville de Toulouse son héritière, à la charge de fonder des jeux et des prix d'éloquence et de poésie latine dans le collége de l'Esquille, et de les entretenir à perpétuité.

429. Monument consacré à la mémoire du président de Mansencal, savant magistrat toulousain. Ce monument est surmonté d'une urne d'albâtre.

430. Tombeau et inscription sépulcrale de Pierre Paschal, historien, jurisconsulte et poëte, né à Toulouse.

431. Colonne sépulcrale du président Dufaur de Saint-Jory, savant toulousain, auteur de divers ouvrages estimés, mort en 1600. Ses cendres reposent dans une chapelle voisine.

432. Monument au-dessus duquel on voit la figure à genoux de Gabriel de Minut, baron du Castera, auteur du livre intitulé : *De la Beauté, discours divers* ; avec la *Paulegraphie*, ou la description des beautés d'une dame tolosaine, nommée *la belle Paule*. Cette femme, célèbre par ses charmes, a été enterrée dans une chapelle de l'église des Augustins (aujourd'hui le Musée), et non dans celle des Cordeliers. Ce fait est constaté par le livre des *obits* de cet ancien couvent [1].

433. Epitaphe de Pierre Matthieu, historien de Louis XIII, mort à Toulouse en 1621.

434. Epitaphe de Barthelemi Seguela, ecclésiastique tou-

---

[1] Vid. Lafaille, *Ann. de Toul.*, t. 2, addit. et correct., p. 20; et les *Mélanges littéraires* de d'Orbessan, t. 4, p. 253.

lousain , docteur en droit , savant dans les langues
latine , grecque et hébraïque.

435. Epitaphe de Guillaume de Catel , conseiller au Parlement , auteur de l'*Histoire des Comtes de Tolose* , et
des *Mémoires historiques sur le Languedoc.*

436. Inscription placée en 1621 au-dessus de l'une des
portes de l'arsenal de Toulouse.

337. Secessui et otio , inscription que le poëte Maynard ,
né à Toulouse , et qui fut élève de Malherbe , avait
fait placer au-dessus de la porte de sa maison , située
dans le lien occupé maintenant par l'école de médecine .

438. Epitaphes de Jacques , de Pierre et Louis Fabre , et
de Barthelemi du Solier.

439. Inscription en l'honneur du savant Casaubon.

440. Inscription placée autrefois au-dessus de la porte de
la tour on était l'amphithéâtre pour les démonstrations
anatomiques : *Hic locus est ubi mors gaudet* , etc. , etc.

441. Epitaphe de Queyrats , professeur à l'université de
Toulouse , et auteur de quelques ouvrages.

442. Epitaphe du célèbre mathématicien Pierre de Fermat ,
mort à Toulouse le 12 janvier 1665 , âgé de 57 ans.
Près du monument de ce grand homme était celui de
Samuel Fermat , son fils , auteur de plusieurs écrits
estimés.

443. Inscription sépulcrale de la famille Olivier.

444. Epitaphe de N..... de Montcalm-Gozon.

445. Monument sépulcral de Chalvet de Rochemonteix ,
chevalier de Malte , commandeur de Raissac , mort
en 1746. Ce monument fut consacré par Henri-Louis
de Chalvet à la mémoire de son frère.

446. Monument sépulcral de Charles de Roquefort de
Marquein , chevalier , commandeur dans le même
ordre , mort en 1748. Ses neveux , Joseph-Sébastien
et Louis-Hippolyte de Varagne-Belesta de Gardouch ,
ont élevé ce monument.

9

SCULPTURE MODERNE.

ARCIS (MARC), élève d'AMBROISE FREDEAU, né en 1655 à Moussens, près de Lavaur, selon quelques-uns, et au Cabanial, suivant Raynal, historien de Toulouse. Il mourut en 1739.

Arcis fut membre de l'Académie de Paris et l'un des quatre fondateurs de celle de Toulouse. Plusieurs de ses ouvrages décorent encore les maisons royales. Les villes de Montauban, de Lavaur et de Pau, conservent plusieurs statues et bas-reliefs qui attestent les talens de cet habile statuaire. Les sculptures qui ornent l'église de Saint-Jérôme ont été exécutées par Arcis. La salle du Concert est embellie par l'une des plus belles productions de cet artiste. C'est un bas-relief qui représente *Apollon* assis sur le Parnasse au milieu des neuf Muses. Ce morceau est digne d'attirer les regards, et fait connaître tous les talens de son auteur.

447. Modèle d'une statue équestre de Louis XIV. Les captifs que l'on voit près des angles du soubassement représentent les peuples vaincus par Louis le Grand.

448. Le Prophète Élie.

449. Le Prophète Elisée.

450. Un Apôtre.

451. Saint Jean l'Evangéliste.

452. Saint Matthieu.

453. Saint Augustin.

454. Saint Simon Stok.

455. Saint Albert, Patriarche de Jérusalem.

456. La Religion.

457. L'Espérance.

458. *Diane.*

459. *Zéphire.*

460. Buste en marbre blanc du président de Nupces.

461. Buste d'*Arcis.*

462. Médaillon en marbre blanc, représentant Louis XIV.

463. Le Parnasse. Copie du bas-relief qui décore la salle du concert.

Assis au milieu des neuf Muses, Apollon chante sur sa lyre les plaisirs et la puissance des immortels habitans de l'Olympe ; les neuf Sœurs applaudissent aux accens du Dieu des beaux-arts.

Le bas-relief original, regardé comme l'un des meilleurs ouvrages d'Arcis, a près de 30 pieds de long. Les figures, en général plus fortes que nature, sont modelées avec un talent qui aurait honoré les plus célèbres artistes du siècle qui vit naître Arcis.

ARTUS (N...), élève de Bachelier, né à Toulouse, y florissait vers le commencement et le milieu du dix-septième siècle ; il mourut dans cette ville vers l'an 1645. Il eut part aux grands travaux de son maître, et il sculpta plusieurs figures dans l'Hôtel-de-Ville. L'Église des Pénitens-Noirs était ornée de plusieurs bas-reliefs sculptés par Artus ; ils ont tous été détruits.

464. Buste de Louis XIII, Roi de France et de Navarre, surnommé le *Juste*, né à Fontainebleau en 1601, de Henri IV et de Marie de Médicis, mort à Saint-Germain-en-Laye en 1643. On a mis au-dessous une inscription, placée en 1621 sur la porte de l'arsenal de Toulouse.

465. La Naissance du Sauveur : bas-relief en terre cuite. Ce morceau fut donné au Musée par M. François Lucas.

BACHELIER (Nicolas), élève de Michel-Ange, né à Toulouse vers 1485, d'une famille originaire de Lucques, vivait encore en 1566.

Bachelier étudia d'abord à Toulouse sous des artistes médiocres. Il partit ensuite pour l'Italie, fut admis au nombre des élèves de Michel-Ange, et devint en peu d'années sculpteur distingué et architecte habile. A son retour dans sa patrie, vers l'an 1510, il opéra une révolution complète dans les arts dépendans du dessin. On ne construisit plus d'édifices dans ce genre nommé

si improprement *gothique*, et qui était suivi dans cette
ville depuis le commencement du treizième siècle. Parmi les monumens qu'il fit élever, et dans lesquels il
prodigua toute la richesse de l'architecture italienne,
on distinguait sur-tout l'hôtel de Saint-Jory qui ne
subsiste plus. On peut encore voir dans une maison située près de la place Bourbon plusieurs fenêtres exécutées d'après les dessins de Bachelier, et formées les
unes par des cariatides sculptées avec beaucoup d'habileté, les autres, par des ornemens du meilleur goût, dans
lesquels on remarque des enfans dessinés quelquefois
dans le genre du Donatelle, mais plus souvent dans celui
de Michel-Ange. On a cru que Bachelier avait deux
frères, recommandables par leurs talens, et que l'un fut
orfèvre et sculpteur : le plus bel ouvrage qu'on ait attribué à celui-ci est la châsse de Saint-Georges, morceau
précieux qui était enrichi de bas-reliefs et de figures.
L'autre, simple serrurier, avait, disait-on, exécuté en fer
des ornemens d'une délicatesse extrême, quelques petites statues modelées avec art, et fait des clefs remarquables par les figures de sirènes dont il les décorait.
Mais des renseignemens exacts, des recherches suivies
ont démontré que Bachelier n'eut point de frères, et
que tous les ouvrages qu'on attribue à ces derniers appartiennent à Nicolas lui-même, ou ont été faits d'après
ses dessins et sous sa direction. On assure que ce grand
artiste périt victime de la jalousie de quelques sculpteurs
italiens, qui, passant à Toulouse, y trouvèrent la réputation de Bachelier assez bien établie, et son talent trop
distingué pour lutter contre lui avec quelqu'avantage.
Il allait terminer l'un des bas-reliefs placés dans le fron-
ton de la nouvelle porte de Saint-Saturnin ; on scia, pendant la nuit, les pièces de bois qui soutenaient l'échafaudage sur lequel il travaillait, et, lorsqu'il y monta,
cet échafaudage tomba, et blessa si grièvement cet
homme digne d'une meilleure destinée, qu'il expira
presqu'aussitôt. Dominique Bachelier, son fils, savant
architecte et sculpteur, termina avec Souffron la construction du pont de Toulouse. Il fit élever plusieurs

édifices remarquables, et entr'autres, vers 1611, l'hôtel de M. de Clary, premier président du parlement.
Cette maison, ornée de sculptures exécutées par ARTUS
et GUEPIN, élèves de NICOLAS BACHELIER, est connue
maintenant sous les noms de *Maison de pierre* et
d'*Hôtel Daguin*.

466. Un groupe d'enfans.

467. Un autre.

468. Fragment d'une statue qui tenait un livre.

469. Fragment d'une autre statue représentant un jeune
homme qui embrassait une colonne.

Ces figures proviennent de l'autel de la paroisse de
Saint-Étienne, au-dessus duquel BACHELIER avait représenté la mort de la Sainte Vierge.

Cet artiste avait exécuté dans le même genre la décoration du principal autel de l'église des Pères de
la Trinité, le maître-autel de l'église de Notre-Dame
de la Dalbade et la chapelle du Sépulcre dans la même
église. On voyait aussi dans l'église des Cordeliers plusieurs bas-reliefs exécutés par cet artiste, et on y ad-
mirait particulièrement celui qui représentait la naissance de J.-C. Il ne nous reste plus que quelques
fragmens de ces morceaux précieux qui ont tous été
mutilés en 1794.

470. La Sainte Vierge. } Ces trois statues sont les premiers
471. Un Évêque.   } essais des élèves de BACHELIER. Elles
472. Une Sainte.   } ont été retouchées par ce maître.

473. Partie d'une façade de la maison Lasbordes, située
près de la place Bourbon, exécutée en pierre et ornée
d'arabesques.

474. Frise ornée d'arabesques : elle faisait partie de la
décoration de la porte du collége Saint-Martial.

475. Deux Génies supportant des guirlandes de laurier.

476. Médaillon en pierre, sur lequel BACHELIER a sculpté
une femme vue en buste et de profil.

477. Médaillon où BACHELIER a représenté de même, en
buste et de profil, un vieillard.

478. Une tête de Chérubin.

Ces cinq figures faisaient partie de la décoration de

l'une des portes de l'Hôtel-de-Ville de Toulouse, démolie en 1817, lors de la construction de la nouvelle salle de spectacle. Les morceaux placés sous le n.º 418, servaient aussi à la décoration de cette porte.

BEURNÉ (M. Nicolas-François), sculpteur, résidant à Toulouse, élève de François Lucas.

479. Buste d'Antoine de Ville, ingénieur militaire, chevalier des ordres de Saint Maurice et de Saint Lazare, né à Toulouse en 1596.

De Ville est auteur de plusieurs ouvrages sur l'art des fortifications et sur l'attaque et la défense des places. Ses découvertes le mirent au nombre des hommes célèbres de son siècle. Les travaux de l'immortel Vauban ont fait abandonner, en grande partie, les méthodes de De Ville et du comte de Pagan, son émule, néanmoins, les ouvrages de l'ingénieur toulousain jouissent encore de beaucoup d'estime, et son nom est cité avec éloge. De Ville servit d'abord dans les chevau-légers, et assista au siége de Montauban. Il était très-bon dessinateur, et a gravé les planches de presque tous les ouvrages qu'il a publiés.

Ce buste a été donné au Musée par M. Beurné.

BRUNET (M.ʳ), sculpteur, résidant à Paris.

480. Buste de Clémence Isaure. On a placé au-dessous de ce buste les deux vers suivans :

Sparge, Poeta, rosas; illis Clementia gaudet
Atque tegit cineres, mandat Isaura suos.

CHARPENTIER (Mademoiselle), de Paris.

481. Buste de Clémence Isaure, en marbre tiré de la carrière de la montagne de Rie, près de Saint-Béat.

Ce buste a été donné à la ville de Toulouse par le Gouvernement.

DANTOINE (N...), professeur de sculpture à Montpellier, mort dans cette ville depuis peu de temps.

482. *Pluton*, modèle en terre cuite. Ce fut le morceau de réception de cet artiste à l'Académie royale de Toulouse.

483. Médaillon représentant Nicolas-Joseph Marcassus-Puymaurin, syndic général de la province de Languedoc, membre des Académies des Sciences et des Arts de Toulouse. Ce portrait a été donné au Musée par M. le baron de Puymaurin, ancien directeur de la monnaie des médailles.

DESEINE (M.), sculpteur, habitant à Paris.

484. Buste, en marbre, de Winkelmann, célèbre archæologue. Ce buste a été donné par le Gouvernement.

DROUET (GERVAIS), élève de GUEPIN, qui lui-même l'était de BACHELIER; on ignore l'époque de sa naissance. Il vivait encore en 1670. Son épitaphe commençait, dit-on, par ce vers :

En ce lieu gît *Drouet* dont les mœurs furent *droites*.

Cet artiste a travaillé pour l'embellissement de l'église de Sainte-Marie d'Auch. Il avait décoré avec beaucoup de goût l'autel de la chapelle de saint Côme, dans le couvent des Jacobins de Toulouse. Le groupe représentant le martyre de saint Etienne, groupe qui est placé au-dessus de l'autel du chœur de l'église cathédrale de Toulouse, est peut-être le seul ouvrage considérable de DROUET qui n'ait pas été entièrement mutilé pendant les premières années de la révolution.

485. Un Ange portant les instrumens de la passion.

FREDEAU (AMBROISE), religieux augustin, peintre et sculpteur, élève de SIMON VOUET, né à Paris vers l'an 1589, mort à Toulouse en 1673.

486. Plusieurs petites statues et modèles sous le même numéro.

487. Le Massacre des Innocens, bas-relief en terre cuite.

488. Autre bas-relief semblable au précédent.

489. La Fuite en Egypte.

490. Autre bas-relief représentant le même sujet.

491. Un Jeu d'enfans.

492. Un autre Jeu d'enfans.

493. Une Bacchanale.

494. Plusieurs petits bas-reliefs sous le même numéro.

GIRARDON (François), sculpteur et architecte, né à Troyes en Champagne l'an 1627, mort à Paris en 1715.

495. Un Christ en ivoire. Ce morceau a été sculpté dans l'atelier de cet artiste.

GRIFFOUL-DORVAL (M.r), membre de l'Académie royale des Beaux-Arts de Toulouse, élève de M. Cartellier, et maintenant professeur de Sculpture.

496. Buste de Philippe Picot de Lapeyrouse, ancien Maire de cette ville, membre de l'Institut et de la Légion d'honneur, secrétaire perpétuel de l'Académie des sciences, etc., etc., né à Toulouse le 20 octobre 1744, mort le 17 octobre 1818. Profond naturaliste, il a consacré son nom par des ouvrages nombreux et qui ont accru le domaine de la science. Ses recherches ont particulièrement fait connaître l'Histoire des plantes des Pyrénées, et lui ont mérité l'estime des savans et la reconnaissance de ses concitoyens. C'est sous son administration que l'école actuelle des Arts a été fondée.

497. Buste de Son Altesse royale Madame la Dauphine.

GUEPIN (Joseph), né à Toulouse, mort dans la même ville vers 1625, élève de Bachelier. Il est auteur d'une partie des beaux morceaux de sculpture qui décorent la première cour de l'Hôtel-de-Ville, et des figures qui ornent la façade et la cour de l'Hôtel Daguin. On voyait encore de lui, à la place Mage, la statue équestre de Louis XIII, qui décorait autrefois l'entrée de l'Hôtel-de-Ville.

498. Copie du Christ que fit Michel-Ange pour l'église de la Minerve.

499. Buste de Henri IV, surnommé *le Grand*, Roi de France et de Navarre, né le 15 décembre 1553, d'Antoine de Bourbon et de Jeanne d'Albret, assassiné par Ravaillac, le 14 mai 1610.

HOUDON (N.), Sculpteur du Roi, membre de l'Institut et de la légion d'honneur, Professeur à l'Ecole spéciale des Arts de Paris.

500. Buste de Bélisaire.

501. Ecorché, statue. L'auteur en fit hommage à l'ancienne Académie royale de Peinture, Sculpture et
Architecture de Toulouse, lorsqu'il fut reçu membre
de cette Société.

JULIA (JEAN-BAPTISTE), membre de l'Académie royale
des Beaux-Arts de Toulouse, né dans cette ville, y
mourut en 1805. C'est le morceau de réception de
cet artiste, auquel on doit les ornemens du dôme de
l'église de Saint-Pierre à Toulouse. Il a décoré avec
beaucoup de goût plusieurs hôtels à Paris.
502. Arabesques au milieu desquelles est représenté
Apollon.

LABROUE, sculpteur, né à Toulouse, mort à Paris.
503. La Sainte Famille.

LANGE (M. BERNARD), né à Toulouse, sculpteur du
Musée royal des antiques, membre de l'Académie
de Toulouse, résidant à Paris; élève de feu FRANÇOIS
LUCAS.
504. *Esculape*. Modèle en plâtre donné à l'École des
Arts par l'auteur.
505. Tête de *Jupiter-Soleil*. Ce marbre a été donné par
l'auteur à l'École des Arts.

LEMOINE (JEAN-BAPTISTE), sculpteur de Louis XV.
506. Buste de M.me de la Popelinière, fille de M. de
Mondran, qui fut le bienfaiteur de l'Académie des
Beaux-Arts de Toulouse.

LUCAS (PIERRE), sculpteur, né à Toulouse l'an 1691,
mort dans la même ville en 1752; élève de MARC ARCIS.
Cet artiste est compté au nombre des fondateurs de
l'Académie royale de Toulouse.
507. *Borée*, modèle en terre cuite.
508. *Zéphire*, idem.

LUCAS (FRANÇOIS), fils et élève du précédent, né à Toulouse en 1736, mort le 17 septembre 1813, membre
de l'Académie royale des Beaux-Arts et de l'Athénée,

dessinateur de l'Académie des Sciences, professeur de sculpture à l'École spéciale des Arts de cette ville.

M. Lucas n'eut peut-être pas l'avantage de s'élever au-dessus de la manière adoptée par les maîtres qui, pendant une partie du dix-huitième siècle, donnèrent, en quelque sorte, des lois à l'école française. Mais il eut cependant le bon esprit d'étudier et de faire étudier par ses élèves le petit nombre de plâtres, moulés sur l'antique, qui existaient alors à Toulouse. Cette attention doit faire d'autant plus ressortir le bon goût du professeur toulousain, qu'alors presque toute la France préférait un modèle de Lemoine ou de Pigalle, à la *Vénus* de Médicis et à l'*Apollon* du Belvédère.

François Lucas est auteur du grand bas-relief placé à l'embouchure du canal des deux mers, des deux statues colossales qui décorent la barrière du faubourg Saint-Cyprien, des adorateurs placés sur l'autel de l'église des Chartreux, des mausolées de MM. d'Etigny, de Puivert, etc., etc. Il avait étudié l'archæologie avec succès, rassemblé une belle suite d'inscriptions, et formé un bon médailler. Sa vie entière a été remplie par la culture des beaux-arts. Il distribuait chaque année des prix d'encouragement à ceux de ses élèves qui avaient le mieux sculpté, d'après l'antique, une main, un pied et une tête. M. Lange, l'un d'entr'eux, distingué par des succès mérités, a élevé, dans l'Eglise de Saint-Jérôme, un monument en marbre à la mémoire de son maître.

509. *Zéphire* : modèle donné au Musée par l'auteur.

510. Statue de Louis XVI, roi de France et de Navarre, né à Versailles le 23 août 1754, mort le 21 janvier 1793. Ce monument fut élevé en 1777. Les deux bas-reliefs placés dans les faces latérales du socle, représentent le rétablissement du Parlement, et le sacre de Louis XVI.

511. Le Génie des arts offrant à l'Eternel les cendres d'Ambroise Fredeau.

512. Buste de Fermat, mathématicien célèbre, né et mort à Toulouse. Il fut l'ami de Pascal, d'Huygens,

de Roberval et l'émule de Descartes. La ville de Toulouse compte ce savant au nombre de ceux qui l'ont
le plus illustrée.

513. Buste d'André-Bernard, religieux Augustin, né à
Toulouse, déclaré Poëte-lauréat par Henri VIII, Roi
d'Angleterre.

514. Buste du chevalier Rivalz, peintre.

MAGNAC (N....), né à Toulouse, mort dans cette
ville en 1785.

515. Sainte Anne faisant lire la Sainte Vierge.

MOITTE (Jean-Guillaume), membre de la 4.e classe
de l'Institut, mort à Paris en 1812.

516. Bélisaire, petit buste en terre cuite.

NOUBEL (François), sculpteur, membre de l'Académie
de Toulouse, et professeur de dessin, né dans cette
ville en 1729, mort en 1793.

517. Buste de Guillaume Cammas, peintre et architecte
de la ville, l'un des fondateurs de l'Académie royale
des Beaux-Arts. G. Cammas est auteur de la façade du
Capitole de Toulouse.

PACOT (Claude), élève de Guepin, florissait à Toulouse
pendant le 17.e siècle.

518. Statue de la Vierge. Cette figure était placée dans
une niche sur la place du Pont, en regard de celle
conservée sous le n.º 498.

PACQUIER (Jean), sculpteur, né en 1628, à Coursan,
près de Narbonne, mort à Beziers en 1776, étant religieux de l'ordre des Minimes.

519. La Sainte Vierge.

520. La Religion.

PAJOU (Augustin), membre de l'Institut et de la Légion
d'honneur, né à Paris le 19 septembre 1730, mort
dans la même ville le 8 mai 1809.

521. Saint Augustin en prières, modèle en terre cuite.
Ce fut le morceau de réception de cet artiste à l'Académie royale des beaux-arts de Toulouse.

522. Buste de J. R. Perronet, premier ingénieur, et chef de l'école des ponts et chaussées, mort en 1794, âgé de 86 ans. Ce buste a été donné au Musée par Mme de Puligneux.

PARANT (N.....), sculpteur, élève de Marc Arcis, né à Carcassonne, mort à Toulouse. Les figures qui décorent la façade de l'Hôtel-de-ville ont été sculptées par cet artiste.

523. Médaillon représentant Clément de Saint-Amant, antiquaire, membre de l'Académie des Sciences de Toulouse, et de celle des Beaux-Arts.

PERU (N...), sculpteur et architecte, né à Avignon. On ne connaît point l'époque de sa mort.

524. Buste d'Antoine Rivalz.

PUGET (PIERRE-PAUL), sculpteur, peintre et architecte, né à Marseille en 1622, y mourut en 1694 ; il fut surnommé le *Michel-Ange Français.*

525. Bas-relief en marbre blanc représentant des enfans qui dansent au son du hautbois. Ce morceau précieux a été donné au Musée par M. Clausade, ancien ingénieur en chef du canal du midi.

RAYNAUD (M.^r), membre de la quatrième classe de l'Institut.

526. Une allégorie sur la révolution.

RENAUD (DOMINIQUE), né à Toulouse en 1732, mort dans la même ville en 1804, élève du chevalier RIVALZ.

527. La Vigilance, modèle en terre cuite, donné au Musée par Mme Salesses, fille de l'auteur.

RIVALZ (ANTOINE), peintre, né à Toulouse en 1665, mort dans la même ville en 1735.

528. Buste de J. P. Rivalz, son père.

ROMAGNESI (M.^r), sculpteur, résidant à Paris.

529. *Minerve* protégeant la France, groupe en marbre blanc. Ce beau morceau a été donné au Musée de Toulouse par le Gouvernement.

SCHEFFAUVERTS (N...), naissance et mort inconnues.
Cet artiste florissait encore en 1790, il était alors sculpteur du duc de Wirtemberg.
530. Méléagre, modèle envoyé de Rome pour la réception de l'Auteur à l'Académie royale de Toulouse.

SELETI, sculpteur, né à Milan, mort depuis environ
trente ans.
531. Statue de la Vierge.

VIGAN (Jean-Pierre), né à Toulouse, élève de F. Lucas,
membre de l'Académie royale de Toulouse, professeur
de sculpture à l'école spéciale des Arts.
532. Buste en marbre de François-Philippe-Antoine Ga-
ripuy, savant astronome, fondateur de l'observatoire
de Toulouse, né dans cette ville en 1711, mort le
2 avril 1782. Il était directeur des travaux de la province, membre des Académies des Sciences et des
Beaux-Arts de Toulouse.
533. Buste de Louis XVI. Cet ouvrage, en marbre d'I-
talie, remporta le grand prix proposé par l'Académie
des Arts.
534. Buste de F. Lucas, sculpteur-statuaire, donné au
Musée par M. Vigan.
535. Buste de Joseph Malliot, professeur de costumes et
de fortifications à l'école des Arts, auteur du *Traité
sur les Costumes*, 3 vol. in-4.º ornés de plus de 300
planches. M. Malliot fut membre de l'Académie des
Beaux-Arts, et compris parmi les associés de celle des
Sciences lors de sa restauration en 1807. Né à Toulouse
en 1735, il mourut dans cette ville en 1811.

OBJETS DE CURIOSITÉ,

MORCEAUX DE SCULPTURE DONT LES AUTEURS NE SONT POINT CONNUS, IDOLES INDIENNES, etc.

536. Tête d'Apollon, copiée d'après l'antique.

537. Sapho, buste moderne, en marbre.

538. Démosthènes, buste qui est le pendant du précédent.

539. Jules César, tête en bronze, copiée d'après l'antique.

540. La Vénus de Médicis, petite copie en bronze.

541. La Géographie,
542. L'Astronomie, } petites statues modernes, en bronze.

543. Un écorché.

544. Onze idoles indiennes, placées sous le même numéro.

545. Petit animal en pierre de Lar, considéré comme une idole chinoise.

546. Petit vase indien.

547. Figure en bronze qui représente une danseuse indienne.

548. Un singe en bronze.

549. Un cor en ivoire. Ce morceau, très-intéressant, est chargé de reliefs. Suivant une tradition peu certaine, ce cor aurait été donné par Charlemagne à l'église de Saint-Saturnin. Il était conservé dans le trésor de l'Abbaye de ce nom, et était connu sous le nom de *Cor de Roland*.

550. Autre cor en ivoire. Il était aussi conservé dans le trésor de l'Abbaye de Saint-Saturnin.

551. Débris d'un coffre en ivoire. On y a représenté plusieurs sujets du nouveau Testament.

552. Le Christ arrêté dans le jardin des Oliviers, petit bas-relief en albâtre. La singularité des costumes rend ce morceau précieux.

553. La Vierge aux Anges, petite statue en bronze, donnée au Musée par M. Cantarèle.

554. Serrure très-ancienne et ornée de figures. Elle a été donnée par M. Tristan de Papus.

555. Clef d'un très-beau travail, ornée de sirènes, et que l'on peut attribuer à BACHELIER. Elle a été offerte à l'administration du Musée par M. A. Lagèze.

556. Un poignard dont le manche en ivoire représente Moïse tenant les tables de la loi. Cet objet a été donné par M. Gravié.

557. Petite tête en bronze : ouvrage du 16.e siècle.

558. Sceau en cire verte.

559. Sceau en bronze des consuls de Valcabrère, petite commune qui occupe une partie du sol de *Lugdunum Convenarum*, M. le chevalier Gabalda, chef de bataillon en retraite à Villefranche, en possède un autre dont la forme est différente, mais où on lit aussi : *Sigillum Cos. Vallis Caprariæ*.

560. Cuiller en bronze, trouvée dans les ruines de la chapelle Sainte-Anne.

561. Livre de Toulouse, ou *livra de Tolosa*, poids en bronze qui porte la date de l'an 1516.

562. Quart de livre de Toulouse, *cartaro de livra de Tolosa*, ayant la date de 1239.

563. Quart de livre de la même ville, poids fondu en 1239. Il a été donné au Musée par M. Medalle, de Saint-Sulpice (Tarn).

564. Autre quart de livre de Toulouse. Ce poids porte la date de l'an 1516.

565. Demi-quart de livre fait en 1239.

566. Autre demi-quart de livre, fondu en 1240.

567. Once de Toulouse.

568. Bassin en émail, de l'ancienne manufacture de Limoges. Le dessus représente Moïse, présentant au peuple les tables de la loi, sur le dessous on voit Aaron offrant un sacrifice.

569. Autre bassin en émail d'un dessin plus correct que le précédent; on y a peint le jugement de Páris.

570. Épées à deux mains. Ces armes ont été fabriquées vers la fin du 15.me siècle.

On n'a point compris dans cette Notice les plâtres moulés sur nature, et que l'on doit à la munificence du Gouvernement. On remarque dans le nombre la partie inférieure du corps d'une jeune fille, des têtes de lionnes, de chevaux, de bœufs, etc. Tous ces objets d'étude appartiennent à l'École spéciale des Arts.

FIN.

ERRATUM.

Page 95, ligne 3 : Sous le pied gauche la *Crupezia*, lisez : sous le pied droit la *Crupezia*.